KB268151

파도속의 항해

한국해양대학교

개교 10년사, 1945-1955

목차

목차

서장

우리나라 해기고등교육은 해방과 동시에 시작되었으나, 그 핵심교육기관인 한국해양대학교의 잦은 이전, 소관부서의 변경, 6.25전쟁 등으로 많은 자료가 소실되어 초기 성립과정이 불분명하게 남아 있다. 그 결과 한국해양대학교의 미군정 설립 허가일, 통영상선학교와의 관계, 인천해양대학과의 합병 과정, 해사와의 통폐합 논의 등 주요한 역사적 사실과 관련해 확인되지 않은 구전이 정설로 받아들여져 오고 있다. 관련자들의 사망과 자료의 소실 등으로 잘못된 구전이 정설로 굳어지기 전에 사실을 확인하고 재평가할 필요가 시급하다.

국립한국해양대학교(이하 한국해양대학)는 1945년 11월, 미군정으로부터 허가(Permit)를 받아 설립된 진해고등상선학교로 출발했으나, 인가문서가 실물로 확인된 바가 없다. 따라서 현재 개교기념일인 11월 5일은 인가문서로서 확인된 것이 아니라 개교 초기 활동했던 인사들의 기억에 의한 불확실한 개교기념일인 셈이다. 또한 한국해양대학이 60여년간 아무런 관계가 없는 것으로 간주되었던 '진해고등해원양성소를 모태'로 하는 것으로 공식화되었다.[1]

1919년 9월에 개소한 '조선총독부 체신국 해원양성소'는 1919년부터 1926년까지는 인천에, 그리고 1927년부터 1945년까지는 진해에 있었으므로 위치에 따라 각각 '인천해원양성소'와 '진해고등해원

---

[1] 한국해양대학교 홈페이지(kmou.ac.kr), 대학소개, 대학연혁(2025. 8. 20 접속).

양성소'라 속칭하고 있다. 따라서 한국해양대학교 공식 홈페이지에 "1919년 9월 '진해고등해원양성소(조선총독부 체신국 해원양성소의 오기)' 개교 - 한국해양대학교의 모태"라고 기록하고 있는 것은 잘못이다. 왜냐하면 한국해양대학교와 조선총독부 해원양성소 간에는 아무런 학적 연결고리가 없을 뿐만 아니라 1919년에는 '인천'에 소재한 '해원'양성소였기 때문이다.

1946년 1월 5일 1기가 입학한 뒤 진해고등상선학교는 1946년 8월 진해해양대학으로 개칭되었다. 그러나 1946년 12월 미군정 관계자가 현 해군사관학교(당시 교명 해안경비대학)와 진해해양대학의 합병을 지시했다. 그러나 교수 및 학생들은 총회를 통해 이를 거부했으나, 다수의 교수와 소수의 학생들이 해군사관학교로 옮겨갔다. 1947년 1월 30일 국내경비부(속칭 통위부)의 결정으로 교사(校舍)를 해사로 인계하고 진해해양대학은 법적으로 폐교되었다. 국내경비부는 해사로의 편입에 반대하는 학생들의 숙소로 인천 월미도의 용궁각 별관을 제공함에 따라 남은 학생과 교수들은 인천으로 이전해 1947년 2월 24일 인천해양대학에 흡수·합병되어 '조선해양대학'으로 개칭되었다가, 1947년 4월 군산으로 이전해 비로소 고등교육기관으로서의 틀을 갖추게 되었다. 그러나 1950년 6.25동란으로 인해 휴교와 부산 거제리 임시교사로의 피난 등으로 전전하다 1954년 UNKRA의 지원으로 영도구 동삼동 교사에 자리잡음으로써 비로소 대학으로서의 면모를 갖추게 되었다.

이 과정에서 많은 역사적 자료들이 소실되어 대학의 인가 서류(미군정 교통국의 허가장)의 부재, 조선총독부 고등해원양성소의 승계 여부, 기타 학교의 변천 내역에 관한 역사적 사실들이 확인되지 않은 채 자료마다 상위하며, 부정확하게 기록되어 혼란을 야기하고 있는 상황이다. 이에 잘못된 사실들이 사실로 굳어지기 전에 한국해양대학 대학 초기 10년의 역사를 규명함으로써 '건학 100년의 대계'를 세우는 데 기초로 삼을 필요가 있다. 이에 이 연구에서는 다음과 같은 내용을 확인하고자 한다.

- 미군정의 설립 허가 과정
- 조선총독부 고등해원양성소와의 학적 연계성
- 통영상선학교 흡수통합의 진위
- 해군의 해사와의 통폐합 시도 경과
- 인천해양대학 설립 과정 및 흡수 통합 과정
- 교명 및 주무부서 변경의 배경

이와 같은 연구를 바탕으로 개교 초기 부정확한 역사적 사실을 바로 잡으며, 한국해양대학 개교의 역사적 정당성과 건학정신을 재평가할 것이다. 이렇게 함으로써 초기 형극의 길을 마다 하지 않고 학맥을 이어왔던 학장, 교수 및 학생들의 헌신과 희생을 재평가해 건학 100년의 기틀이 되기를 기대한다.

끝으로 2023년 7월부터 12월까지 연구년을 미국에서 보내며 이 연구를 수행할 수 있도록 재정적 지원을 해준 국립한국해양대학교(당시 총장 도덕희)와 한국해양대학교총동창회(당시 회장 정영섭), 그리고 출판을 지원해 준 지원해준 여러 동문들과 42기 동기, 특히 박진영, 정진욱, 김길주 도선사에게 감사드린다.

2025년 새 밑
아치섬 해죽헌에서
김 성 준

제1장

개교 당시의 시대적 배경

제1절 교육 분야

미국 태평양육군총사령부는 1945년 9월 7일 포고제1호를 통해 북위 38도 이남에 미군정(USA Military Government in Korea)을 실시할 것임을 공표했다. 미군 제24군단이 인천에 상륙한 것은 9월 8일이었고, 존 하지(John Reed Hodge) 중장이 미군정 실시를 선언한 것은 9월 9일이었다. 하지 중장이 제7포병사단(7th Division Artillery)을 이끌던 아치볼드 아놀드(Archbald Arnold) 소장(Major General)을 군정장관(civil administrator, 재임 1945. 9. 12.-1946. 1. 3.)에 임명한 것은 9월 12일이었으며, 미군정 정부가 공식적으로 조직된 것은 1946년 1월 4일이었다.[1] 미군정은 민정조직 외에도 군사행정을 담당하는 군사행정 조직을 별도로 운영했다.

미군 한반도 상륙 전인 1945년 8월 29일, 찰스 해리스(Charles S. Harris) 준장(Brigadier General)이 군정장관(Military governor)에 임명되었다가 9월 12일 아놀드 소장으로 대체되자 해리스 준장이 9월 14일자로 부군정장관(Deputy Military Governor)에 임명되어 9월 28일까지 재임했다. 해리스 준장이 군정장관직을 수행하던 9월 12일 각 국(bureau)을 관장할 책임자를 임명했는데, 체신교통국(Bureau of Communications and Transportation)의 책임자(chief)로 윌리엄 헐리(William J. Herlihy) 중령(Lieut. Col.)을 임명했다. 1945년 9월 29일, Appointment Order #3에 의해 체신교통국(Bureau of Communications and Transportation)을 체신국(Bureau of Communications)과 교통국((Bureau of Transportation)으로 나누고, 헐리 중령을 체신국장(director of Bureau of Communications)으

---

[1]　조기안, 미군정기 정치행정체제의 구조 분석, 성균관대학교 박사학위논문, 1997, p.5.

로, 워드 해밀턴(Ward L. Hamilton) 중령을 교통국장(director of Bureau of Transportation)으로 각각 임명했다.[2]

당시 교육은 미육군 직제에 따라 공보 부문의 일부로 육군 로커드(E.L. Lockard) 대위의 관할업무가 되었다. 로커드 대위는 1945년 9월 11일 업무를 시작했는데, 오천석의 추천으로 9월 16일 한국의 교육지도자 7명으로 한국교육위원회(The Korean Committee on Education)를 구성했다. 한국교육위원회의 위원은 김성달(초등교육), 현상윤(중등교육), 유억겸(전문교육), 김성수(고등교육), 백낙준(교육전반), 김활란(여자교육), 최규동(일반교육)으로 구성되었다. 이어 9월 22일 김성수가 교육담당관의 고문이 되고, 그 대신 백남훈이 위원으로 취임했으며, 11월에는 윤일선(의학교육), 조백현(농업교육), 정인보(학계대표) 3인이 추가되어 10인으로 확대되었다.[3]

해방 당시 우리나라에 고등교육기관은 19개교, 재학생 수는 7천819명이었다.[4] 이 가운데 관립 고등교육기관은 ①경성대학, ②경성공업전문학교, ③경성광산전문학교, ④경성경제전문학교, ⑤경성법학전문학교, ⑥경성의학전문학교, ⑦경성치과의학전문학교, ⑧수원농림전문학교, ⑨대구의학전문학교, ⑩부산수산전문학교, ⑪광주의학전문학교, ⑫경성사범학교, ⑬대구사범전문학교 등 13개교가 있었고, 사립학교로는 ①보성전문학교,

---

2   History of the US Army Forces in Korea, Part III, Chap I, Military Necessity vs Military Government(돌베개, 1988), at 국사편찬위원회(db.history.go.kr); 신상준, 『미군정기의 남한행정체제』, 한국복지행정연구소, 1997, pp.41; 47.

3   손인주, 『한국교육사』, 문음사, 1997, pp.683-684.

4   이형행, 「해방후 고등교육정책의 흐름」, 『대학교육』, 1999. 7-8, p.12.

②연희전문학교, ③이화여자전문학교, ④숙명여자전문학교, ⑤경성여자의학전문학교, ⑥평양공업전문학교(숭실전문 인수) 등 6개교가 있었다.

해방 당시 부산에는 고등교육기관으로 부산수산전문학교가 있을 뿐이었는데, 1941년 3월 관립부산고등수산학교로 설립되어 1944년 4월에 개칭된 부산 유일의 고등교육기관이었다. 해방 직후인 1945년 10월 초 경상남도 내무부장 김병규 등과 의사인 김동산, 미군정 경남수석통역관 홍순종 등을 중심으로 민립대학설립기성회가 구성되었다. 또한 비슷한 시기에 김길창 목사의 남선재단(南鮮財團)을 모체로 미군정 경남 고문인 정기원 박사의 후원을 받는 남선대학설립기성회도 활동에 들어갔다. 이에 경남 학무국장 윤인구는 학무국 고문관 에디(Edie) 중위와 협의해 이들 단체의 통합을 추진하는 데 합의했다. 그러나 남선대학 설립기성회는 정기원 박사의 후원을 바탕으로 단독으로 설립을 구체화해 결국 기독교정신을 표방하는 신학부 중심의 남선대학 설립이 인가되어 1946년 3월 학생모집에 들어갔다.

한편, 경상남도 재무과장 윤상은 등은 경남지역에 국립대학을 설립하기 위해 미군정 당국과 협의해 1946년 5월 15일자로 부산수산전문학교를 기반으로 인문학부를 증설해 '국립부산대학'을 설립하는 안을 확정했다. 이 안에 따르면, 부산수산전문학교 내에 인문학부(사범과, 사회과, 경제과)와 수산학부(어로과, 제조과, 양식과)를 병설해 교남(嶠南)[5]대학으로 승격하도록 했다. 이러한 계획에 대해 미군정청 교육부장 유억겸과 오브리 피틴저(Aubrey Pittenger) 중령은 5월 20일 경남도지사에게 부산에 '부산대학'을 설립해 수산학부와 인문학부를 설치한다고 통지했다.

---

5   교남은 조령 남쪽, 즉 경상도를 이르는 말이다.

그러나 1946년 6월 19일 '국립서울대학교안'이 발표되고 8월에 국립서울대학교 설치령이 공포됨으로써 국립부산대학교로 명칭이 변경되고 소속 학부도 인문과대학과 수산과대학으로 변경되었다. 학교는 설립되었으나, 설립 근거법령이 마련되지 않은 가운데 수산과대학과 인문과대학 간의 갈등이 심해졌다. 1946년 8월에 취임한 아서 베커(Arthur Lynn Becker) 총장이 직무를 제대로 볼 수 없는 상황에서 9월에 신입생 입학식이 거행되었다. 하지만 인문과 학생들이 캠퍼스 분리를 요구하자 1947년 4월 수산과대학(대연동)과 인문과대학(서대신동)으로 각각 분리 운영되는 상황으로 전개되었다. 게다가 학과간 교수들의 갈등도 심해져 1947년 6월에는 학생들의 동맹휴업을 하는 사태가 발생했다. 그러자 7월 초 베커 총장이 사임하고 인문과대학장 최태영 교수도 사임하게 되자 문교부는 7월 윤인구를 인문과대학장 서리로 임명했다. 이러한 내홍의 와중에 1948년 5월 초 부산대학교 수산과대학이 문교부 관할에서 농림부 농사개량원으로 이관되고 국립부산수산대학이 되었다. 이에 따라 국립부산대학교 인문과대학이 국립부산대학으로 명칭 변경안이 문교부에 의해 인가됨으로써 두 학교로 분할되어 존속하게 되었다.[6]

1948년 8월 대한민국 정부가 수립되고 초대 문교부장관에 임명된 안호상 장관이 1949년 1월말 부산지방종합대학 설립안을 이범석 국무총리에게 보고하였다. 이범석 국무총리도 찬의를 표시하자, 안호상 문교부장관은 부산지역종합대학설립안을 국무회의에 회부하였다. 이에 신성모 내무부장관이 군산에 있던 조선해양대학도 항도 부산으로 이전하여 신설 종합대

---

6   이종길, 「해방후 부산지역의 대학설립과 동아대학 창학 및 법학교육의 전개」, 『동아법학』 85호, 2019, pp.2-8.

학에 편입시킬 것을 제의하였다. 이날 국무회의에서는 문교부와 내무부가 보다 신중하게 검토한 뒤 다음 국무회의에 회부하기로 결정하였다.

사태가 급변하자 부산수산대학은 1949년 1월 24일 교수회의를 개최하고 '해양대학병치운운에 대한 대책'에 관한 토의를 하고, 반대여론을 조성하기로 결정하였다. 각 업무를 교수들이 분담하기로 했다. 1월 27일에 열린 교수회의에서 해양대학 병치 건에 대해 재토의한 결과 각 분담활동의 결과가 다음과 같이 보고되었다.

(1) 도지사 : 부산의 다른 대학과 종합함이 좋다

(2) 수산과장 : 본학과 행동을 같이 하겠다.

(3) 경철청장 : 중앙청 지시대로 하겠다.

(4) 각 수산단체 : 본학과 동감이다.

(5) 학무국장 : 본학과 동감이다.

(6) 중앙수산시험장 : 단독으로 반대운동을 펼 것이다.

(7) 부형회장 : 우선 해양대학의 來釜 중지의 타전을 한 뒤에 반대운동을 개시할 예정이다.

(8) 해사국장 및 운수부차장은 만나지 못하였음.

이날 회의에서는 성명서초안, 진성서 및 메시지 초안이 낭독되고 통과되었고, 각 활동분야별 분담교수를 다시 정하였다.[7] 결국 부산종합대학안은 이승만 대통령의 재가로 보류되었다.

해방 후 고등교육기관은 급속도로 증가해 1948년 정부 수립 당시에는 42개교, 학생 수 2만 4천명으로 증가했다. 특히 1947년 이후 고등교육기관

가운데 사립대학의 비중이 70%를 상회하고 있는데, 이는 해방 직후 고등
교육 팽창이 사립대학의 설립에 의해 주도되었음을 의미하는 것이다. 당
시 사립대학 설립이 증가하는 데 영향을 미친 요인으로 지목되는 것은 첫
째, 일제하에서 억눌렸던 고등교육 수요의 폭발, 둘째, 국가의 방임주의
대학정책, 셋째, 미군정의 정책개입, 넷째, 토지개혁을 위한 '농지개혁법
(1949)'이 주요요인으로 꼽히고 있다.[8]

제2절 해사 분야

1946년 1월 4일 Appointment Order #63에 의해 아서 코넬슨(Arthur
Cornelson) 중령(Lieut. Colonel)이 교통국장에 임명되었고,[9] 2월 5일 무
관 해사부장 얼 카스텐(Earl Carsten) 소령(Major)과 한국인 해사부장 이동
근(1905-1981)[10]이 각각 임명되었다. 1946년 3월 29일 미군정 직제개편
으로 교통국이 운수부로 승격됨에 따라 코넬슨 중령이 '운수부장'으로 개
칭되었고, 이동근과 카스턴 소령이 각각 '해운국장'으로 개칭되었다.[11]
미군정청의 Bureau/ Department of Transportation은 운수부, 운수국, 교

---

8 오성배, 사립대학 팽창 과정 탐색: 해방후 농지개혁기를 중심으로, 한국교육개발원 연구보고
 서(KD2004-31-03-03), p.2.

9 History of the US Army Forces in Korea, Part III, Chap II, footnotes(돌베개, 1988), at 국
 사편찬위원회(db.history.go.kr).

10 강원도 통천 출신으로 양정고등보통학교와 호세이대학 경제학부를 졸업한 뒤 양정고보에서
 수년간 교원생활을 한 뒤 함경남도에서 10여년간 어업에 종사하다 광복 후 해사국장을 지냈
 다. 1948년 경향여객자동차 회사를 창립하였고, 강원도도의회 의원을 지냈으며, 1958년 제4
 대 국회의원(자유당)에 당선되었다.

11 〈자유신문〉, 1946.2.22.; 〈자유신문〉, 1946. 4.29. 1946년 3월 미군정 직제 개편으로 교통국
 이 운수부로, 운수부 산하 국으로 해운국이 설치되었으므로 해운국장으로 개칭되었으나, 이
 동근이 교통국 산하 '해사부장'으로 임명되었기에 언론에서는 '해사부장'으로 통칭했다.

통국 등으로 혼용되고 있으나, 1945년 12월 31일 군정청 편성표기에는 '교통국'으로 번역되어 있다. 그리고 1946년 3월 29일 군정법령 제64호(Ordinance No.64, USAMGIK)에 의해 군정청의 '국'이 '부'로 승격되고 교통국의 명칭도 '운수부'로 바뀌었다. 따라서 1946년 3월 이전에는 교통국(bureau of Transportation), 그 이후에는 운수부(department of Transportation)로 표기하는 것이 올바른 표기다.[12] 1946년 3월의 행정조직 개편으로 군정장관 휘하에 부 또는 처(department) → 국 또는 서(bureau) → 과(section) → 계(subsection) → 반(branch)으로 다층화되었다.[13]

해방 직후 해양 분야에서 가장 발 빠르게 움직인 쪽은 해군계였다. 1945년 8월 21일, 손원일과 정긍모 등을 중심으로 해사대(海事隊)가 결성되었다. 해사대는 9월 30일 식민기에 선원들의 후생복지를 위해 설립되었던 반관반민의 조선해사보국단(朝鮮海事報國團)의 선원계장을 지낸 석은태와 협의 끝에 서로 통합해 조선해사협회(朝鮮海事協會)로 개편하고, 손원일이 회장, 석은태가 부회장을 각각 맡기로 했다.[14] 조선해사협회는 1945년 11월 11일 '해방병단'[15]을 결성한 데 이어, 1946년 1월 17일에는 해군병학교를 설치했다.[16]

---

12 이학수, 해방이후 미군정과 해군 창설, in『대한민국 건군의 주역 손원일 제독』, 해군사관학교 2014, p.201 각주 35; 조계표·박재익, 「미군정 시대의 사회상황과 행정조직의 변화」, 한국행정사학지, 제39호, 2016.12, p.144.

13 윤석경, 「미군정기 행정의 성격과 그 영향에 관한 연구」, 『충남대학교 사회과학연구소논문집』, 제2권, 1991, p.8.

14 해군본부, 『해군창설의 주역 정긍모 제독』, 해군역사기록관리단, 2018, pp.37-38.

15 해방병단 측은 Marine Defence Group라 불렸고, 미군정은 Coast Guard라 불렸다.

16 윤경호 외, 『대한민국 건군의 주역 손원일 제독』, 해군사관학교 2014, p.202.

해방 직후 해사분야에서 최우선 관심사는 조선우선을 누가 인수해 경영하느냐였다. 김용주는 일본인이 경영하는 한반도 내 해운회사에서 일하던 조선인 사원들을 규합해 1945년 8월 25일, 대한해운건설연맹을 결성하고 초대 회장에 선임되었다.[17] 김용주는 포항에서 오사카상선의 대리점과 연안화물선을 운용하고 있었고, 1937년부터 경북 도회의 의원으로 활동해오고 있었다. 이 단체에는 삼신기업 선주 김종섭, 석두옥과 권태춘 등의 해기사들이 참여했다.

〈그림 1〉 미군정청 행정 조직(1945. 9 – 1946. 3)

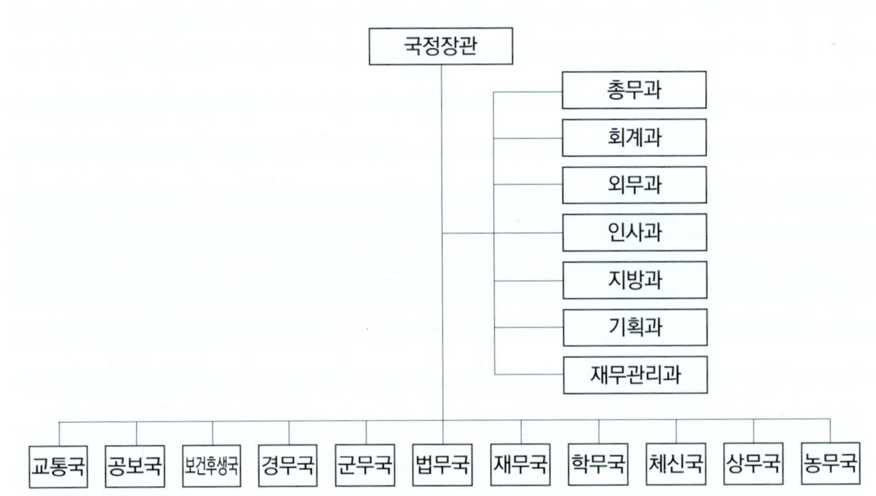

자료 : 조계표, 박재익, 미군정 시대의 사회상황과 행정조직의 변화, 『한국행정사학지』, 제39호, 2016. 12, p.144.

또 하나의 해사단체로 해기사들을 중심으로 한 '조선해원동맹'이 1945년 9월 결성되어 기관장을 지낸 정환근을 위원장으로 추대해 조선인 선원의

---

17 김용주의 회고록에는 '대한해운건설협회'라 칭하고 있으나(김용주, 『풍운시대 80년』, 신기원사, 1984, p.76), 윤상송의 회고록과 기타 많은 자료에서는 '해운건설연맹'으로 적고 있다(윤상송, 『바다에 미래를 걸다』, 한국해사문제연구소, 2011, p.162; 석두옥, 『해성』, 성암, 1994, p.41.).

체불임금과 조선우선의 인수문제를 두고 히로세(廣瀬) 사장과 담판도 하고, 미군정 교통국장이었던 해밀턴(Ward L. Hamilton) 중령(Lieutenant Colonel, 당시 중좌로 칭함)으로부터 조선우선의 운영에 대한 승인도 받은 상태였다.[18] 이시형도 조선해원동맹의 부위원장으로 활동했으며, 정환근 위원장이 부산 호의 기관장으로 승선한 뒤 위원장대리를 맡기도 했다.

〈그림 2〉 미군정기 중앙행정조직(1946. 3.29)

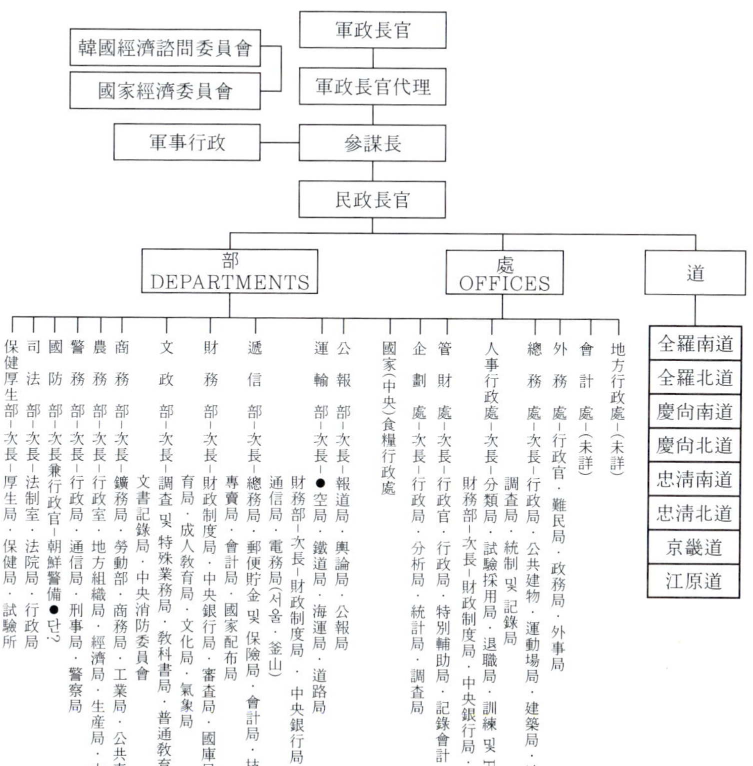

자료 : 김상근, 「미군정기의 행정기구」, 『한국행정학보』, 7권, 1973, p.123.

18 이시형의 회고, 좌담회: 해양대학의 어제와 오늘, 『해양한국』, 1975. 10, p.35.

〈표 1〉 해사 관련 중앙부처 기구의 변천(1945. 9 – 1946. 3)

일시	중앙부처	산하 기구
1945. 10	교통국	해사과 – 해무, 선원, 수송, 선박1, 선박2, 표지
		항만과
		(해난심판소, 해원양성소)
1946. 1	교통국	해사부 – 해사과, 항만과
		항만청 – 인천, 군산, 목포, 부산
		항만서 – 여수, 포항, 묵호
1946. 2.5	교통국	해사부 – 총무, 해운, 표지, 해관, 항만과
1946. 3.29	운수부	항공국, 해운국, 철도국, 도로국

자료 : 해사문제연구소, 『현대한국해운발전40년사』, 1984, p.274 일부 수정.

조선우선의 관리권은 김용주가 주도하는 조선해운건설동맹 측으로 넘어가게 되었다. 조선해운건설동맹이 미군정으로부터 조선우선의 관리권을 위탁받게 된 데는 다음과 같은 배경이 있었다. 수도권의 석탄공급 문제를 고심하던 미군정은 인천항에 계선 중인 부산 호를 수리해 삼척에서 인천으로 수송하는 방안을 염두에 두고 있었다. 이러던 차에 김용근과 인천의 김종섭 소개로 해사과의 이동근과 연결되어 미군정 교통국 해사과장 얼 카스텐(Earl Carsten) 소령과 이동근이 조선해운건설동맹에 조선우선의 관리권을 부여하고 부산 호의 수리와 운항을 명령하게 되었다.[19]

김용주는 1945년 9월 하순, 조선우선관리위원회를 구성하고 조선우선의 관리권을 인수했다. 조선우선관리위원회는 김용주를 위원장으로 하고, 강일성, 김철호(기아산업 창설자), 설경동(대한전선 설립자), 김종섭, 권태

---

19   석두옥, 『해성』, p.41.

춘 등 6명의 관리위원으로 구성되었다.[20] 당초 부산 호의 수리비 200만원[21]은 관리위원이 분담하기로 했으나,[22] 아무도 분담금을 낼 사람이 없어 결국 김용주가 사재 200만원을 출연해 부산 호를 수리하게 되었다. 이에 따라 조선우선관리위원회는 해체되고, 김용주가 조선우선 사장에 취임해 조선우선을 경영하게 되었다.

제3절 해기교육계

식민기 한반도 내 진해, 인천, 통영, 목포, 군산 등에 조선총독부 교통국 관비 해원양성소가 운영되었지만,[23] 고급해기사를 양성하는 해기교육기관으로는 진해에 있었던 '조선총독부 교통국 고등해원양성소'가 유일했다. 식민기 말기 총독부는 태평양전쟁의 확대로 해기사와 선원 부족이 심화되자 1943년 9월, 조선총독부 교통국 고등해원양성소와는 별도의 양성기관으로 보통해원양성소와 해원양성소를 진해에 각각 설치했다. (진해) 보통해원양성소는 14세 이상의 국민학교 고등과 수료자로 항해과와 기관 각각 40명씩 3개월간 교육을 받고 졸업후 1년간 선박에 의무적으로 근무해야

---

20 김용주, 『풍운시대 80년』, p.76; 윤상송, 『바다에 미래를 걸다』, p.164.

21 해방 전후 쌀 1말(8 kg)이 50원 정도였고, 2024년 1월 현재 쌀 8 kg은 3만 5천원 내외이므로 1945년 당시 200만원은 현재가치로 대략 14억원에 해당한다.

22 관리위원 중 한 명인 강일성이 중국 상하이에 많은 재산을 가지고 있다는 말을 믿고 조선관리위원회가 출범했으나, 그가 한 푼도 내놓지 않자 다른 관리위원들도 꽁무니를 빼게 되었다. 『해당 이시형과 한국해양대학』, p.75.

23 조선총독부 교통국 고등해원양성소(갑종 2급해기자격자 양성), 통영해원양성소(소형선 해기자격), 인천, 진해, 목포, 군산의 보통해원양성소(보통선원). 1946년 2월, 미군정 교통국 이등근 해사부장이 "전국 14개소에 있는 해원양성소를 통영과 인천에 통합하겠다"고 밝힌 것을 고려하면 14개소의 해원양성소는 식민기 말부터 운영되어 오던 것으로 추정할 수 있다. 〈공업신문〉, 1946. 2.10.

했다. (진해) 보통해원양성소는 1년에 네 차례 신입생을 모집했다. (진해) 해원양성소는 13세 이상의 국민학교 고등과 수료자로 항해과와 기관과 각각 80명씩 모집해 1년간 교육을 받고 수료한 뒤 1년간 선박에 승선해야 했다. 해원양성소는 1년에 한 차례 신입생을 모집했다.[24] 통영해원양성소는 국민학교 고등과 졸업자를 대상으로 보통선원과 소형선박 해기사 양성을 목적으로 1943년 4월 개교한 해원양성소로 수업연한은 1년이었고, 항해과와 기관과 각각 40명씩을 정원으로 했다.

〈매일신보〉(1943.7.16.)에는 '진해 해원양성소 일부를 인천(월미도 검역소)으로 이전해 2학기에 개소한다'는 기사가 게재되어 있고,[25] (일어판) 〈부산일보〉 (1944. 3.22)에는 "진해 高養(고등해원양성소) 22회, 海養(해원양성소) 1회 졸업식이 1944년 3월 20일 열렸다"는 기사가 실려 있다.

이상의 사실을 종합해 보면, 통영해원양성소는 1943년 4월에 개교했고, 진해에는 1943년 9월에 보통해원양성소와 해원양성소가 증설되었으며, 이 중 해원양성소 일부를 인천에 이설한 것이 인천보통해원양성소임을 알 수 있다. 인천보통해원양성소는 1943년 8월 14일 개소해 5개월간의 교육으로 보통선원을 양성했는데, 1945년 6월까지 6회 수료생을 배출했으며 해방 당시 28명(일본인 7명 포함)이 재소하고 있었다.[26]

조선총독부 체신국이 1919년 7월 4일 총독부령 제122호에 따라 1919년

---

24 〈매일신보〉, 1943. 8.15.

25 1942년 7월, 인천에 해원양성소를 8월에 계획이 이미 결정된 바 있었다. 『인천시사』 하, 인천 직할시, 1993, p.958.

26 교통부, 『해운십년약사』, 1955, p.224.

9월 인천에서 개교한 '조선총독부 체신국 해원양성소'는 본과에 항해과와 기관과로 나누고, 실습과정인 연습과를 두었으며, 보통선원 양성과정인 별과도 항해과와 기관과를 편성했다. 개교 당시 수업연한은 본과 3년, 연습과는 항해과 3년, 기관과 3년 6개월, 별과는 3개월 과정이었다. 수업연한은 시기에 따라 1-2년씩 변경되기도 했다.

〈표 2〉 해방 직전 해기교육기관

명칭	설립년도	교육
조선총독부 교통국 고등해원양성소(진해)	1919. 9	수업연한 : 5-6년(본과 3년, 연습과 2-3년) 취득자격 : 갑종2등해기사
진해보통해원양성소	1943. 9	수업연한 : 3개월(보통선원)
진해해원양성소	1943. 9	수업연한 : 1년간(소형선 직원)
(통영) 해원양성소	1943. 4	수업연한 : 1년, 정원 : 각과 40명 취득자격 : 보통해원간부 및 소형선 직원
(군산) 보통해원양성소[27]	1943. 5	수업연한 : 2개월 취득자격 : 보통해원
인천보통해원양성소	1943. 8.14*	수업연한 : 3개월 취득자격 : 보통해원
목포보통해원양성소	1944. 5*	수업연한 : 3개월 취득자격 : 보통해원

자료 : 교통부, 『해운십년약사』, p.224; 손태현, 증정판 『한국해운사』, 효성출판사, 1997, pp.276-277의 자료를 기본으로 보완함.
* 조선총독부 관보 4999호(1943.9.29.), '체신국보통해원양성소장(山市良吉) 임명'; 조선총독부 관보 5184호(1944. 5.19), '인천보통해원양성소장(山市良吉)과 목포보통해원양성소장(當麻武男)' 임명.

---

27 운영주체는 조선해사보국단으로 지원자격은 초등학교 초등과 수료 정도의 14세 이상의 남자로, 수료후에는 조선해사보국단에서 취업알선을 하였다. 〈매일신보〉 1943. 5. 30; 〈경성일보〉, 1953. 5.30.

조선총독부 교통국 고등해원양성소의 입학자격은 본과는 14세 이상 고등소학교 를 졸업했거나, 중학교 2년 과정을 수료한 학력자이며, 별과는 15세 이상 심상소학교 졸업자만 입학할 수 있었다. 그러므로 조선총독부 교통국 고등해원양성소는 현재 기준으로 중학교 2년 이상 수료한 자가 입학해 5년 내지 6년간의 교육을 이수하고, 본과의 경우 오늘날 중등 학력에 준하는 교육을 받았다고 할 수 있다. 그러나 1931년까지는 학력이 인정되지 않았지만, 1932년 11기 입학생부터 본과 졸업자는 전문학교 입학시 중학 졸업자(현 고졸자)와 동등 이상의 학력을 인정받게 되었고, 연습과 졸업자는 전문학교와 동등한 자격을 인정받았다.[28]

1919년 인천에서 개교한 조선총독부 체신국 해원양성소는 1927년 진해교사로 이전했고, 1940년 조선총독부 체신국 고등해원양성소로 개칭되었으며, 1943년 12월에 관할부서의 교체에 따라 '조선총독부 교통국 고등해원양성소'로 개칭되었다. 보통 1919-1926년까지 인천에 있었을 때를 '인천'해원양성소, 1927-1945년 진해에 있었을 때를 '진해'고등해원양성소로 속칭하고 있다.

조선총독부 체신국이 한반도 내에 '해원양성소'를 설립하게 된 데는 1차 대전 이후 해기사 부족이 심화되자 해기사 수급에 어려움을 겪던 조센유센(주)의 설립 청원이 주요 요인으로 작용했다. 즉 1차 대전 종전 후 해운 경기가 상승하자 일본에서 해기교육을 받은 고급해기사들이 식민지 해운 소속선에의 승선을 기피하게 되자 조선우선은 하급사관 충원문제에 봉착

---

28   조선총독부 고시 제105호(1921. 4.25) 및 359호(1931. 7.13); 김재승, 『진해고등해원양성소 교사』, p.63.

하게 되었다. 이에 조센유센은 조선총독부에 해원양성소 설치를 요청하게 되었고, 조선총독부는 이 청원을 받아들여 체신국 내 해원양성소를 인천에 개설하게 된 것이다.[29]

조센유센은 1920년 3월 해원양성소 생도에게 학비를 빌려주고 졸업 후 조센유센에 취업해 상환하도록 하는 대비생(貸費生)제도를 마련해 운영했다.[30] 그러나 곧 이어진 해운 불황으로 인한 선원 과잉으로 대비생 제도 운영은 중단되었다. 조선총독부 해원양성소는 이처럼 조선총독부와 일본의 해운업의 이익을 위해 필요에 따라 군사교육이 실시되기도 했고, 1944년에는 재학생은 육군예비생도로, 졸업생은 육군갑종 예비 후보생으로 지원할 수 있게 되었다. 실제로 1944년 6월 이후 22기생 졸업생 다수가 일본 해병단(해군신병훈련소)에 입단해 일본 제국을 위해 싸웠다.[31]

해방 당시 조선총독부 교통국 고등해원양성소에는 1943년에 입학한 25기생이 3학년, 1944년에 입학한 26기생이 2학년, 1945년에 입학한 27기생이 1학년에 각각 재학 중이었고, 승선실습 중인 학생은 없었다(〈표 3〉 참조). 태평양전쟁의 격화로 1944년 11월 8일 본과 23기생 24명과 24기생 38명이 승선실습 없이 동시에 조기졸업을 했기 때문이다.[32] 1919년 개교 당시 본과 3년, 승선실습 3년의 교육을 실시하는 것으로 했으나, 본과 수업 연한을 1933년 4년으로 늘렸다가 1942년에 다시 3년으로 단축되었

29 　김재승, 『진해고등해원양성소 교사』, pp.59-60.

30 　조선우선주식회사 편, 하지영, 최민경 역, 『조선우선주식회사25년사』, 소명출판, 2023, p.304.

31 　김재승, 『진해고등해원양성소 교사』, pp.353-359.

32 　김재승, 『진해고등해원양성소 교사』, p.359.

다. 승선실습도 1939년 2년으로 단축된 뒤 1943년에 다시 1년으로 단축
되었다. 일본의 폐망과 함께 조선총독부 또한 해체됨에 따라 조선총독부
관비 해원양성소 해원양성소는 모두 자동 폐소되었다.[33]

<표 3> 해방 당시 조선총독부 교통국 고등해원양성소 재학생

기수	학년	항해과			기관과			합계		
		한인	일인	계	한인	일인	계	한인	일인	계
25	3	7	17	24	9	10	19	16	27	43
26	2	11	19	30	8	14	22	19	33	52
27	1	4	37	41	2	35	37	6	72	78
합계		22	73	95	19	59	78	41	132	173

자료 : 김재승, 『진해고등해원양성소교사』, p.352.

---

33 미군정청 운수부 해사국장 이동근은 '양성소는 …폐교되었던 것인데, 진해와 통영에 잇는 해
   원양성소는 5월 15일에 개교하리라한다'고 밝혔다.(<자유신문>, 1946. 4.29); 한국해사문제
   연구소, 『현대한국해운발전40년사』, p.295.

제2장

진해고등상선학교

제1절 개교

1. 설립 득허(得許)의 경과

이시형은 1975년과 1995년 두 차례 개교 경위를 다음과 같이 회고한 바 있다.

[1975] "홍순덕 선장과 정환근 기관장이 인천에 계류하고 있던 부산 호를 수리해 가지고 부산으로 회항차 출범했습니다(저자 : 1945. 10.30).…이때 70, 80명의 해기원들이 모인 자리에서 진해고등해원양성소에 대한 얘기가 나온 끝에 그 자리에서 상선사관교육을 시작해야 하지 않겠느냐고 했더니 모두들 찬성했어요. 그럼 누가 책임을 질 것이냐 하는 얘기가 나왔는데, 모두들 이시형이가 적임이라는 거였습니다. 그런데 어느 중학교(저자 : 진해여고)가 진해양성소 자리를 사용하고 있다고 해서 진해로 내려갔습니다."[1]

[1995] "해방된 지 2개월이 지난 후 우연히 방상표, 김동한, 김정식 제 씨와 한자리에서 만날 기회가 있었다. 그분들은 나에게 진해고등해원양성소를 접수하여 선원교육을 하면 어떻겠느냐고 권하였다.…미군정청 운수부(저자 : 교통국의 오기) 책임자인 Hamilton 씨를 만나 그 뜻을 밝혔더니 '대단히 좋은 일이다'라고 말하면서 '내일 다시 오라'고 하였다. 이튿날 다시 찾아갔더니 Permit을 내어주었다. 바로 진해로 내려가 현지 시설을 답사한 후 약 1개월간에 걸쳐 준비작업을 마치고 1945년 12월 15일(저자 :

---

[1] 월간 『해양한국』, 1975. 10, p.36; 『해당 이시형과 한국해양대학』, 한국해사문제연구소, 2012, p.319.

실제는 12.2, 12.9, 12.11, 12.16) 1기생 모집광고를 내기에 이르렀다.…"[2]
이시형의 회고담에 등장하는 방상표는 조선총독부 체신국 해원양성소 13
기 항해과 출신으로 해방 당시 통영해원양성소에 교관으로 근무 중이었
다. 그 이외에 인천해원양성소에 김원탁(항해), 김동한(기관)이, 목포해원
양성소에 이긍섭(항해)이 조선인 교관으로 각각 재직하고 있었다. 방상표
는 2001년 발간된 『진해고등해원양성소교사』에서 해방 직후의 상황에 대
해 다음과 같이 회고하고 있다.

"1945년 10월 중순 경 고등해원양성소 3학년에 재소 중이던 김상진과 이
상원이 통영의 나(방상표)를 찾아와 학교 재개를 요청하였다.…이긍섭 씨
와 함께 서울로 올라와… 김동한 3명이 학교 재개에 관한 진정서와 관리
권을 청원하는 문서를 만들어 미군정청 해밀턴 중령에게 제출하여 허가를
득하였다. 통역은 민한식씨(저자 : 당시 교통국 항만과장)가 맡았다. …김
동한, 이긍섭 두 사람은 초지를 번복하여 불참을 선언하였기에 박옥규, …
김재곤 등 제 씨와 동석하여 상의하게 되었다. 본인은 다시 이시형 씨에게
권유하였는데, 이시형 씨는 그때 해원동맹 위원장 직(저자 : 위원장 대리)
과 겐모치 다케시(劍持武, 사장 대리)로부터 선원의 퇴직금 문제를 위임받
고 있었다.…본인이 이시형 씨에게 …'학교를 재개하자'고 권유하니 즉석
에서 찬동했다. …이시형 씨는 나에게 먼저 下鎭할 것을 제의하였는데, 당
시 이시형 씨는 약혼 후 조계사에서 결혼하여 신혼 중이었던 것으로 기억
되며, 먼저 진해로 갔다. 11월 초순경(저자 : 11월 13일) 진해주둔 미군 부
대장(저자 : Robert C. Edwards 대위)에게 해밀턴 중령의 허가장을 제시
하고 학교 재개 신청을 접수시켰다. 당시 손원일 씨도 미군정청 해사부장

---

2   『한국해양대학교 50년사』, 1995, p.58.

(저자 : 당시 해사과장) 얼 카스텐 소령[3]의 허가장을 가지고 진해주둔부대
장을 방문하여 동석하게 되었다.…고등해원양성소 나카지마 미치조(中島
三千三) 소장과 통영해원양성소 서무과장 하마베 마사토라(濱邊政虎) 두
사람이 진해공설운동장 앞 해군관사에 조선총독부 교통국 고등해원양성
소 간판을 걸고 인수할 사람을 기다리고 있었다. 교사 인수에는 서류도 없
었으며 학생졸업장 1매(항해과 박기정)를 받아 후일 전달하였다."[4]

위의 두 회고담은 실제 일이 발생한 지 50여년이 지난 뒤에 정리한 기억인
만큼 기억의 소실과 착종이 혼합되어 있을 수밖에 없다. 그럼에도 두 회고
담의 공통점을 추출해 1945년 10월 중순 - 11월 초 사이에 일어났던 일들
을, 구체적인 진술일수록 실제에 가까울 수 있다는 전제하에, 정리해 보면
다음과 같다. 우선, 식민기에 한반도에는 여러 곳에 해원양성소가 있었고,
운영주체인 조선총독부가 해체됨에 따라 해원양성소는 폐소되었으며, 이
를 인수인계하는 어떠한 법적 절차나 과정은 없었다는 사실을 전제해야만
한다.

첫째, 해방 후 목포, 군산, 통영, 진해의 해원양성소는 단기양성소여서 재
학생 문제가 발생하지 않았으나, 조선총독부 교통국 고등해원양성소에는
1~3학년 한국인 학생 41명이 재학 중이었다. 특히 졸업을 한 학기 앞둔 3
학년 재학생으로서는 학교 재개를 원할 수밖에 없는 상황이었다. 해방 당
시 조선총독부 교통국 고등해원양성소에는 한국인 교관이 없었으므로, 재

---

[3]　Carsten 소령은 1945년 11월 당시 교통국 해사과장이었고, 1946년 1월에 미군정 직제개편
으로 해사과가 해사부로 개칭되면서 해사부장으로 칭했다. 그러나 1946년 3월 미군정 직제
개편으로 교통국이 '운수부'로 개칭되고 내부조직이 '국'으로 변경되면서 해운국장으로 개칭
되었다.

[4]　방상표, 지난 세월의 기억을 더듬어, 『진해고등해원양성소교사』, 2001, pp.250-251.

학생 두 명이 1945년 10월 중순(?) 진해와 가까운 통영 해원양성소에 교관으로 재직 중이던 방상표를 찾아가 학교 재개 문제를 협의하게 되었다.

둘째, 이에 방상표는 해원양성소에 한국인 교관으로 있었던 이긍섭, 김동한과 함께 미군정청 교통국 워드 해밀턴 중령을 만나 학교 재개에 관한 구두허락을 받았다. 해밀턴 중령이 허가장을 바로 주었을 개연성은 없으므로 다시 찾아오라 했을 개인성이 크다. 이후 이긍섭과 김동한이 불참을 선언하자, 방상표는 혼자 학교 운영을 하기 여의치 않은 상황이 되어 10월 말 해기사들이 모이는 조선우선을 찾아갔다. 그 자리에는 상당수의 해기사들이 모여 있었고, 이 자리에서 해기교육 문제가 논의되었고 이구동성으로 이시형이 적임자라고 추천하는 분위기였다. 이미 해밀턴 교통국장으로부터 구두 허락을 얻은 방상표는 이시형에게 상황을 설명하고 이시형과 함께 교통국을 찾아가 허가장을 받으려고 방문했을 것이나, 교통국에서는 다시 오라 하여 재방문해 허가장을 받았다.

셋째, 재혼한 지 얼마 안된 이시형은 방상표에게 먼저 내려가라고 얘기해 방상표는 진해로 먼저 내려가 57민정중대 진해주둔 소대장 로버트 에드워즈(Robert Edwards) 대위[5]에게 제출했다. 에드워즈 대위는 당초 해방병단에 해병단 건물을 배정했으나, 해방병단 측이 바다에 연한 항무부 건물을 강력히 요구하자 '군수품 보관 창고 접근을 제한'하는 조건으로 항무부 건물을 배정하고,[6] 해기교육기관에 경화동의 해병단 건물을 배정했다. 해기교육기관으로 사용하던 고등해원양성소 교사가 있었으나, 57민정중대 진해주둔 소대에 교사를 내어준 진해여고가 사용 중이었다. 이에 진해여고

---

5   김재승, 『진해고등해원양성교사』, p.172.
6   『해군창설의 주역 정긍모 제독』, pp.48-49.

의 지수성(池水聖) 교장과의 협의해 해병단 건물을 진해여고에 내어주고, 고등해원양성소 교사를 인수하게 되었다.[7]

1945년 11월 당시 진해는 창원군의 일부로 진해읍이었으며, 창원과 그 인근 지역을 관장하던 미군부대는 제57군정중대(Military government company)였다. 1945년 11월 1일 존 댈리(John L. Daly) 소령(Major)이 지휘하는 57군정중대는 부산에 도착한 뒤, 11월 7일 마산으로 이동해 주둔을 시작해 통영, 고성, 창원, 함안, 창령, 마산을 관할하고 있었다. 진해는 로버트 에드워즈(Robert C. Edwards) 대위(Capt.)의 관할하에 있었다. 이런 경과로 해기교육기관 교사로 경남 창원군 진해읍 앵곡동 1번지에 소재한 옛 '고등해원양성소' 교사를 확보하기에 이르렀다. 며칠 뒤[10] 이시형은 조선우선에서 같이 승선했던 주방장 1명을 대동하고 진해로 내려와 학교 인수에 착수했다.

---

7 이에 대해 방상표는 고등해원양성소 교사를 '진해중학'(현 진해고등학교)에 배정했다고 회고하고 있으나 이는 명백한 오류다. 방상표가 언급한 지 교장은 지수성으로 해방 당시 진해고등여학교(현 진해여고) 교장이었다. 방상표, 지난 세월의 기억을 더듬어, 『진해고등해원양성소 교사』, p.251; 진해여자고등학교, 한국민족문화대백과사전 at https://encykorea.aks. ac.kr/ Article/ E0054988.

8 통영 출발 → 물금 1박 → 수원(이긍섭) → 상경 후 인천의 김동한과 김원탁과 협의 → 문서 준비 → 교통국의 Hamilton 면담(통역 민한식). 이런 이동경로를 고려하면, 방상표 일행이 교통국 해밀턴 중령을 처음 방문한 날은 10월 22(월) ~ 27일(토) 사이였던 것으로 추정할 수 있다.

9 미군정기 군정단 군정중대 문서 5(한국현대사 자료집성), 도군정사(Provincial Military Government History, 22 Sept. 1945 to 15 Jan. 1946), p.229.

10 방상표, 지난 세월의 기억을 더듬어, 『진해고등해원양성소교사』, p.252.

<표 4> 해양대학 득허 전후의 주요 일정(1945)

일시	주요 사항
8.15(수)	독립 및 조선총독부 해원양성소 6개소 폐소
9.29(토)	Ward L. Hamilton, 교통국장 취임
10.1(월)	중등학교 재개교(진해여고, '진해만요새사령부 가교사'에서 재개).[11]
10.중순	고등해원양성소 3년 재소생 2인, 방상표에게 학교 재개 협의(통영)
10.22(월)~27(토)	방상표 등, Hamilton 교통국장 면담[12]
	방상표, 박옥규와 김재곤과 협의
10.30(화)	부산 호(선장 홍순덕, 기관장 정환근), 인천에서 출항[13]
	이시형, 조선우선에 모인 해기사들로부터 해기교육 제안받고 수락
11.1(목)	57군정중대, 부산에 도착 후 40사단 배속[14]
11.1(목)	손원일, 하지 중장의 통역인 이묘묵을 만나 해군건설 협조 요청[15]
11.초	손원일, Earl Carsten(이동근 동석)으로부터 '해방병단' 조직 제안받음
11.1(목)~3(토)	이시형과 방상표, Ward Hamilton 방문
11.5(월)(?)	Ward L. Hamilton, 'Permit' 발행.
11.7(수)	57군정중대, 마산 도착 및 주둔.[16]
11.11(일)	해방병단, 표훈전 앞에서 결단식(서울 인사동). 해군 창군일
11.12(월)	해방병단, 진해 도착; 손원일, Edwards 대위에게 Carsten 소령의 Letter 전달[17]
11.13(화)[18]	손원일과 방상표, Robert C. Edwards 진해주둔소대장 집무실 동석. Edwards 대위, 해방병단에 항무부 건물, 해기교육기관에 해병단 건물 각각 배정.[19]

---

[11]   진해여자고등학교 홈페이지(https://jinhaegirls-h.gne.go.kr/).

[12]   통영 출발 → 물금 1박 → 수원(이긍섭) → 상경 후 인천의 김동한과 김원탁과 협의 → 문서 준비 → 교통국의 Hamilton 면담(통역 민한식). 이런 이동경로를 고려하면, 방상표 일행이 교통국 해밀턴 중령을 처음 방문한 날은 10월 22(월) ~ 27일(토) 사이였던 것으로 추정할 수 있다.

[13]   김재승, 『진해고등해원양성소사』, p.172.

[14]   『해군창설의 주역 정긍모 제독』, pp.48-49.

[15]   신상준, 『미군정기의 남한행정체제』, p.52.

2. 학교의 설립과 1기생

식민기에 설립된 모든 학교들은 해방 이후 운영자가 한국인으로 대체되었을 뿐 학교명과 학제, 재학생들을 그대로 인수했다. 그러나 조선총독부 교통국 부설로 운영되던 해원양성소는 일본의 패망과 조선총독부의 해체에 따라 설립주체와 운영주체가 없어져 모두 폐소되었다. 애당초 방상표 등도 고등해원양성소를 재개해 한국인 재학생들이 원만하게 졸업하도록 도와주자는 소박한 모교애에서 교통국을 찾아갔던 것으로 추정할 수 있다.

그러나 이시형의 생각은 그들과 달랐다. 우선 '조선총독부 교통국 고등해원양성소'라는 교명을 그대로 사용할 수는 없었다. 또한 고등해원양성소는 중등(현 고등학교) 수준의 교육기관이어서, 일본의 도쿄고등상선학교를 졸업한 이시형에게는 만족스럽지 못해 '전문학교'(현 단과대학) 수준의

---

16 이에 대해 방상표는 고등해원양성소 교사를 '진해중학'(현 진해고등학교)에 배정했다고 회고하고 있으나 이는 명백한 오류다. 방상표가 언급한 지 교장은 지수성으로 해방 당시 진해고등여학교(현 진해여고) 교장이었다. 방상표, 지난 세월의 기억을 더듬어, 『진해고동해원양성소 교사』, p.251; 진해여자고등학교, 한국민족문화대백과사전 at https://encykorea.aks. ac.kr/Article/ E0054988.

17 그동안 부산호의 인천 출항일이 10월 27일로 알려져 있었으나(『잃어버린 항적』, p.74), 10월 30일에 Earl Carsten 해사과장과 이동근의 참석하에 열렸다.(〈경향신문〉, 1946.10.13.; 〈조선일보〉, 1946. 10.30.) 이시형은 1975년 좌담회에서 '…홍순덕 선장과 정한근 기관장이 인천에 계류하고 있던 부산호를 수리해 가 지고 부산으로 회항차 출범(10.30, 일, 필자 삽입)했습니다. ….'(월간 『해양한국』, 1975. 10, p.36.)

18 신상준, 『미군정기의 남한행정체제』, p.57. 40사단은 1946년 2월 20일 임무를 제6사단에 완전히 인계하고, 3월 15일 미국으로 귀환하였다. 신상준, 『미군정기의 남한행정체제』, p.24.

19 『해군창설의 주역 정긍모 제독』, 해군본부, 2018, p.44. 이에 대해 다른 기록에는 손원일이 Carsten 소령을 만난 날이 11월 1일도 기록하고 있나.(『해군사관학교50년사』, 1996, p.32; 이학수, 「해방 이후 미군정과 해군창설」, 윤경호 외, 『대한민국 건군의 주역 손원일 제독』, 해군사관학교, 2014, p.201). 그러나 손원일은 Carsten을 만난 것을 "11월 초"라고만 기록하고 있다. 손원일, 상선사관 소해정타고, 『월간 중앙』, 19호, 1969. 10, p.113.

해기교육기관을 만드는 것을 바라고 있었다. 이에 대해서는 고등해원양성소 재개를 시도했던 방상표도 동의했다.[20] 이시형은 방상표와 함께 몇 차례 상경해 교통국 주창엽 경리과장 등을 만나 학교 운영에 관한 협조를 구하고,[21] 자신의 뜻을 관철시켰다.

이제 시급한 것은 학교 운영에 관한 지원을 확보하고 신입생을 모집하는 일이었다. 한 달여간의 준비 끝에 〈서울신문〉(12.2), 〈조선일보〉(12.9), 〈자유신문〉(12.11), 〈대한매일신보〉(서울신문 전신, 12.16)에 신입생 모집 공고가 각각 게재되었다. 〈조선일보〉에는 '8.15 이전에 설치되었었든 진해고등해원양성소는 이번에 진해고등상선학교로 개명승격하고, 선장, 기관장 등 해운계의 중진을 양성하는 상선교육최고학부로 발족하게 되었다'고 적고 있고, 〈자유신문〉은 '이번에 교통국직속인 진해고등해원양성소는 이번에 교통국 직속인 고등상선학교로 새출발하리라는데…'라고 표현하고 있다.

---

20   방상표, 지난 세월의 기억을 더듬어, 『진해고등해원양성소교사』, p.253.
21   방상표, 지난 세월의 기억을 더듬어, 『진해고등해원양성소교사』, pp.252-253.

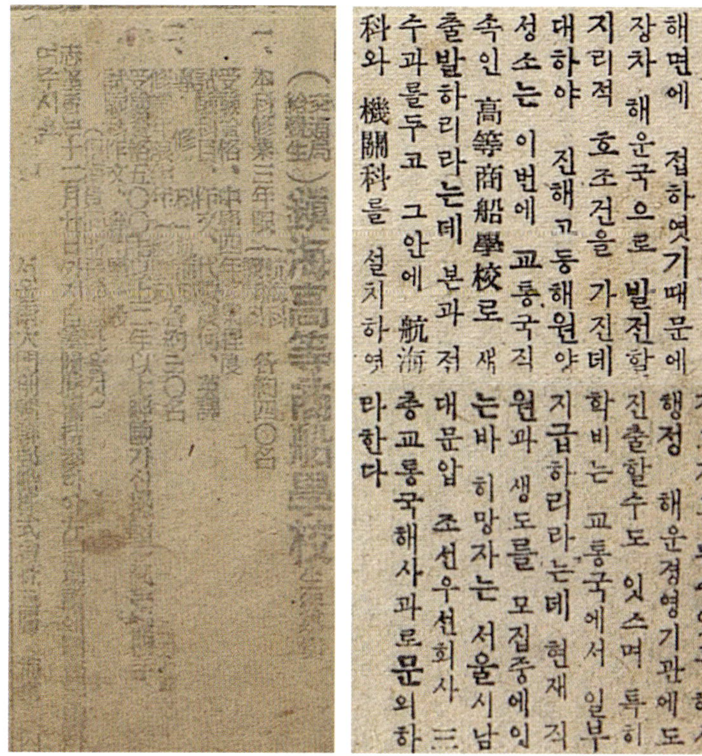

〈서울신문〉, 1945. 12. 2   〈자유신문〉, 1945. 12. 11

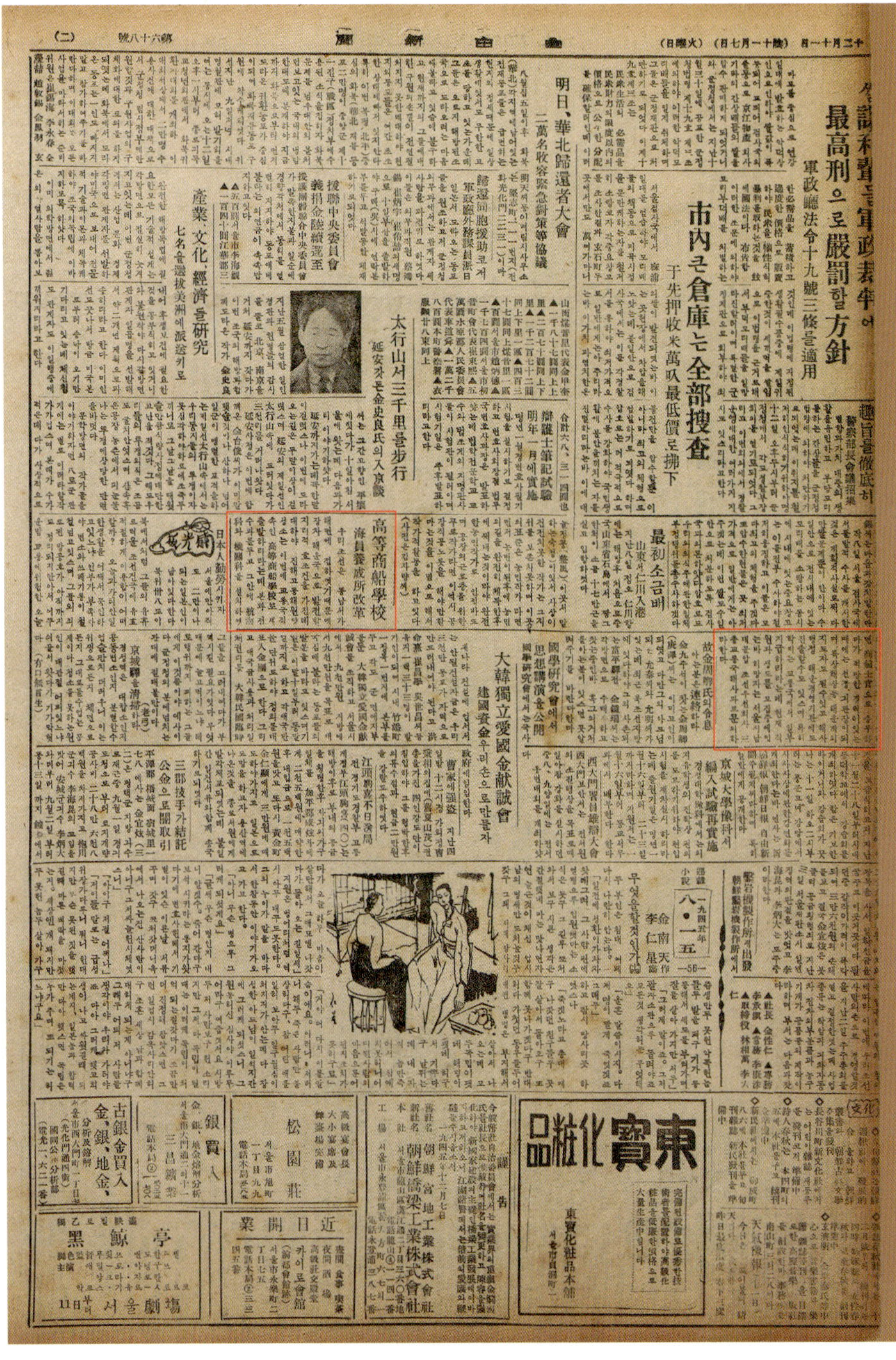

自由新聞
(二) 第六十八號
(火曜日) (陰 十一月 七日) 十二月 十一日
最高刑으로 嚴罰할 方針
軍政廳法令十九號三條를 適用
市內 큰 倉庫는 全部搜査
于先押收米萬叺最低價로 拂下
明日、華北歸還者大會
二萬名收容緊急對策等協議
産業·文化·經濟를 研究
七名을 選拔 美洲에 派遣키로
援聯中央委員會
義捐金陸續還至
太行山서 三千里를 步行
延安갓든 金史良氏의 入京談
高等商船養成所學校
海員養成所改革
最初 소금배
山東서 仁川入港
故金周鉉氏의 令息
京城大學豫科에 編入試驗再實施
國學研究會
思想講演公開
大韓獨立愛國金獻誠會
建國資金우리손으로 만들자
小說
一九四五年
八·一五
金南天 作
李仁星 畵
古銀 金買入
金、銀、地金
分析와 鑑別
銀 買入
松 園 莊
近 日 開 業
東寶化粧品
黑鯨亭
서울劇場

진해로 내교 가능한 지원자는 본교에서 시험을 치렀고, 그 외는 서울에서 시험을 치렀다. 서울에서 치러진 입학시험은 12월 21일(금) 서울 용산 소재 철도병원에서 신체검사를 받고, 22일(토) 영어와 수학[22] 두 개 교과의 필기시험을 치른 뒤, 23일(일)에 면접시험을 치렀다. 합격자 발표는 12월 27일(목)에 있었으며,[23] 합격자들에게 우편으로 발송되었다. 합격자 발표에는 1기 입학식을 1946년 1월 5일(토)에 진해읍 앵곡동 1번지 소재 본교에서 시작한다고 공지되어 있었다. 이렇게 해서 1기생 항해과 40명과 기관과 40명의 신입생이 모집되었다.

신입생 외에 조선총독부 교통국 고등해원양성소에 재학 중이던 한국인 41명의 재학생 문제가 있었다. 신설하는 진해고등상선학교는 당시 고등학교 졸업자를 대상으로 하는 고등교육기관인 '전문학교'였다. 따라서 조선총독부 고등해원양성소 1학년 재학생은 전문학교 입학자격에 미달하므로 제외하고, 2~3학년에 재학 중인 학생 35명 중 원하는 학생에 대해 전형절차를 거쳐 '진학'을 허용했다.[24] 조선총독부 교통국 고등해원양성소 재학생 중 진해고등상선학교 진학생 19명의 명단은 〈표 5〉와 같다. 그 결과 항해과 48명과 기관과 51명 등 1기생 99명이 입학하게 되었다.

---

22 수학은 이시형이 출제했고, 영어는 방상표가 출제하였다. 김재승, 『진해고등해원양성소교사』, 진해고등해원양성소동창회, 2001, p.253.

23 손태현, 『한국해양대학론』, 다솜출판사, 2015, p.12.

24 김재승, 『진해고등해원양성소교사』, p.174.

조선총독부교통국 고등해원양성소	전공	명단
3학년	항해	용계성, 고창권
	기관	조정제, 김상진, 박희근, 이상원(자퇴)*, 변병효(자퇴)*, 곽현보(자퇴)*, 김재환(자퇴)
2학년	항해	김동화, 옥생문, 신인균, 이영철, 차봉옥, 김석기
	기관	이계숙, 박창유, 김현영, 이상백(자퇴)**

자료 : 손태현, 『한국해양대학론』, p.12.
* : 승선을 위해 자퇴함.   ** : 자퇴 후 부산대 상과대 진학.

이와 같은 경과에 따라 이시형은 전문학교인 '진해고등상선학교'(영문명 : Chinhae Nautical College)를 발족시키기에 이르렀다. 전문학교는 현재의 단과대학과 같은 수준의 고등교육기관으로 해방 당시 한반도에는 경성대학만이 종합대학이었고, 전문학교는 18개교가 있었다. 이로써 한국해양대학이 해방 후 최초의 고등교육기관으로 설립되었다.[25] 1기 입학식은 1946년 1월 5일(토), 진해교사에서 있었다. 그러나 여의치 않았던 당시 우편물 배송과 교통 사정으로 전체 1기 입학생 99명 중 입학식에 참석한 신입생은 진해 인근 거주 신입생과 진학생 등 20여명에 지나지 않았다.[26]

---

25 손태현, 『한국해양대학론』, p.11.

26 김재승, 『진해고등해원양성소교사』, p.177. 1기로 입학해 2기로 졸업한 신태범은 통영에 거주해 통영중학 동기 3명과 함께 입학식에 참석했다고 증언했다. (2023. 5.29 증언)

제2절 학사 운용

1. 전수과 설치 및 운용

1기생 모집과 동시인 1945년 12월 20일 진해고등상선학교에 전수과를 부설하고, 1946년 6월 20일 을1항해사 8명과 을2기관사 3명의 학과이수자에게 각각 해당면허장을 수여해 부족한 선박직원을 보충했다. 그 뒤 1951년 9월 전수과에 을종 2등항해사 및 기관사(해운공사 직원 22명)의 단기교육을 마치고 같은 해 12월에 수료시킨 바 있다.[27]

2. 학사 운용

신입생 모집이 진행되어 가는 동안 교수요원에 대한 충원이 이루어졌다. 해기교과는 조선총독부 해원양성소 출신들로 충원할 수밖에 없었다. 이시형은 방상표의 추천을 받아 조용구(의령 거주, 고등E11), 포항의 이응섭(고등N11), 신대현(고등E14), 신종섭(고등N15), 정인태(고등N14) 등을 채용했다. 교양교과는 이종민(경제학), 배인철(영어), 황중엽(수학), 변 아무개(물리) 등을 발탁했다.

---

[27]　교통부, 『해운십년약사』, p.222.

〈표 6〉 1946년 개교 초기 교직원

이름	담당	비고
이시형 (교장)	기관	도쿄고등상선학교 졸업, 갑종기관장
이응섭 (교무과장)	운용, 충돌예방	조선총독부 해원양성소(N11) 갑종2등항해사
신종섭 (학생과장)	측기	조선총독부 해원양성소(N15) 갑종2등항해사
정인태	항해	조선총독부 해원양성소(N14) 갑종2등항해사
조용구	왕복동기관	조선총독부 해원양성소(E11) 갑종2등기관사
신대현	보조기관	조선총독부 해원양성소(E14) 갑종2등기관사
이종민	경제학	도쿄제국대학 졸업
배인철	영어	중국상하이대학. 사고 사
황중엽	수학	연희전문학교. 1947년 도미 유학
변○○	물리	니혼대학 졸업. 1946년 9월 해안경비대(현 해군) 입대
김달원(?)	技業	을종 기관사
○○○	서무주임	밀양 출신
○○○	취사계장	조선우선 조리장

진해해양대학 개편 후 추가 임용자(1946. 9)

이름	담당	비고
정범석	법학	주오(中央)대학 졸업. 정치대학으로 전출
안상문	물리,구면삼각법	평양 대동공업전문학교
이재신	조선학	나가사키 가와미나미(川南)조선전문학교
김○○	영어	일본 아오야마(靑山)학원. 부산대로 전출
○○○	국어	

자료 : 손태현, 『한국해양대학론』, pp.17-18.

제3장

진해해양대학

제1절 미군정의 고등교육정책과 해양대학

1. 미군정기 교육 행정

미군정의 학무국 담당으로 임명된 로커드(E.N. Lockard)는 1945년 9월 16일 한국인교육위원회를 구성했다. 학무국은 한국인교육위원회의 자문을 받아 두 개의 조치를 취했다. 하나는 9월 17일자의 일반명령 4호로 9월 24일부터 초등학교를 개교하고 수업언어는 조선어로 한다는 것이었고, 다른 하나는 9월 28일자로 중등 이상의 학교의 개교에 관한 것이었다. 학무국이 각도로 보낸 학무국의 주요 통지 내용 중 고등교육기관에 관한 사항만을 간주려 보면, 1) 관공립은 10월 1일 개학한다. 2) 전문학교 교수 희망자는 교장에게, 대학 교수 희망자는 학무국장에게, 희망교와 희망 담임학과를 기록하고 증빙서류를 첨부해 수속한다. 3) 전문학교, 대학 1학년에 한해 해방 전 일반학생 수효 이내의 인원 범위에서 학도를 신규 모집한다. 4) 전문학교와 대학은 당분간 그 전의 과정을 참고해 교장 혹은 학부장의 지시에 따라 교수한다.[1]

1945년 11월 16일 학무국의 조직재편성으로 한국인교육위원회와 조선교육심의회 2개의 상설위원회가 자리 잡았다. 한국인교육위원회는 1946년 상반기까지 존속했으나, 주요 기능이 조선교육심의회로 넘어갔다. 조선교육심의회는 1945년 11월 14일 1차 전체회의를 열고, 9개분과(교육이념, 교육제도, 교육행정, 초등교육, 중등교육, 사범교육, 고등교육, 직업교육, 교과서, 후에 의학교육 분과 추가)로 출발했다. 교육제도분과는 1945년

---

1   강명숙, 미군정기 고등교육연구, 서울대학교 교육학박사논문, 2002.8, p.32.

12월 5일, 6-3-3-4제 교육안을 채택했다. 1945년 12월 14일, 조선교육심의회는 1946년 9월부터 6-3-3-4제를 실시한다는 '현행교육제도에 대한 임시조치안'을 발표했다.[2] 조선교육심의회는 20차례의 전체회의와 105차의 분과회의 활동을 거친 끝에 1946년 3월 7일 최종건의안을 미군정에 제출한 뒤 해산했다.

미군정 교육부는 고등교육분과위원회[3]의 조언을 통해 6-3-3-4제로의 개편과 전문학교의 대학 승격, 승격에 따른 경과 조치, 입시제도 등을 마련하고, 1946년 4월 26일, '현행고등교육제도에 대한 임시조치 요항'을 발표했다. 새로운 입시제도가 실시되기 전인 1946년 5월 각 현존 모든 전문학교를 고등교육분과위원회의 심의를 거쳐 대학으로 승격한다는 방침이 정해졌고, 5월 20일 승격 진행상황을 언론에 발표했다.[4] 이로써 대학의 수업 연한을 4년으로 하고, 전문학교와 대학 예과 제도를 폐지하고, 현존 모든 전문학교를 대학으로 승격하는 단일안이 만들어졌다. 1946년 6월 8일 문교부는 전문학교의 대학 승격에 따른 전문학교 재학생의 진학방법과 각 대학의 신입생 모집을 위한 다음과 같은 임시조처를 발표했다.

一, 현행 일반국립전문학교, 일반국립학교로서 신제도의 대학으로 승격함에 際하여는 종래의 전문학교는 次를 동대학의 전문부로 개편함.…

---

2   강명숙, 미군정기 고등교육연구, p.40.
3   위원회의 구성원은 문교부 관리와 현상윤, 이태규, 조윤제, 정문기, 채관석, 백낙준, 안동혁, 조백현, 유진오, 김활란, 윤일선, 이인기, 심호섭, 신기범, 손정규 등이었다.
4   강명숙, 「미군정기 대학 단일화 정책 수립에 관한 연구」, 『한국교육』, 29권 2호, 2002, p.448.

2. '진해해양대학'으로의 승격

이와 같은 미군정의 고등교육정책에 따라 전문학교인 '진해고등상선학교'
는 1946년 8월 15일 교명을 '진해해양대학'으로 승격·개칭되었다. 이때
교명을 '진해상선대학'이라고 하지 않고 '진해해양대학'이라고 한 것은 이
시형의 탁견이었다.

3. 2기 입학과 '해대요가(寮歌)'

1기생의 수업이 진행되자, 1946년 상반기 중 2기생 모집에 들어갔다. 2기
생 모집공고는 1946년 6.15(서울신문)에 게재되었다. 당초 원서모집은 7
월 15일까지 받기로 했으나, 수해와 호열자로 인한 교통관제로 7월 20일
까지 원서접수기간을 연장했고, 시험은 7월 29일부터 8월 3일까지 용산운
수학교에서 시행하기로 했다.[5] 입시에 합격한 2기생들은 개학일을 9월 2
일(월요일)에 한다는 통지를 받았다.[6] 그러나 철도파업으로 교통편이 여의
치 않아 미처 도착하지 못한 학생들이 있어 9월 15일까지 입교하고 이틀
뒤인 9월 17일(화요일)에 진해 교사에서 2기 입학식을 거행하였다.[7] 2기
신입생은 항해과와 기관과 각각 50명씩이었다.

---

[5] 〈서울신문〉, 1946.7.19.

[6] 학적부에는 2기 입학일이 1946년 9월 1일로 기록되어 있다.

[7] 〈동아일보〉 1946년 9월 1일자에 따르면, "진해해양대학은 9월 1일 개학하기로 했으나, 9
월 15일부터 개학하기로 연기한다"고 전하고 있다. 이에 대해 『한국해양대학교50년사』
(1995.10)에는 입학식을 '당초 9월 2일 예정이었으나, 철도파업으로 9월 17일에 거행하였다'
고 적고 있다(p.849).

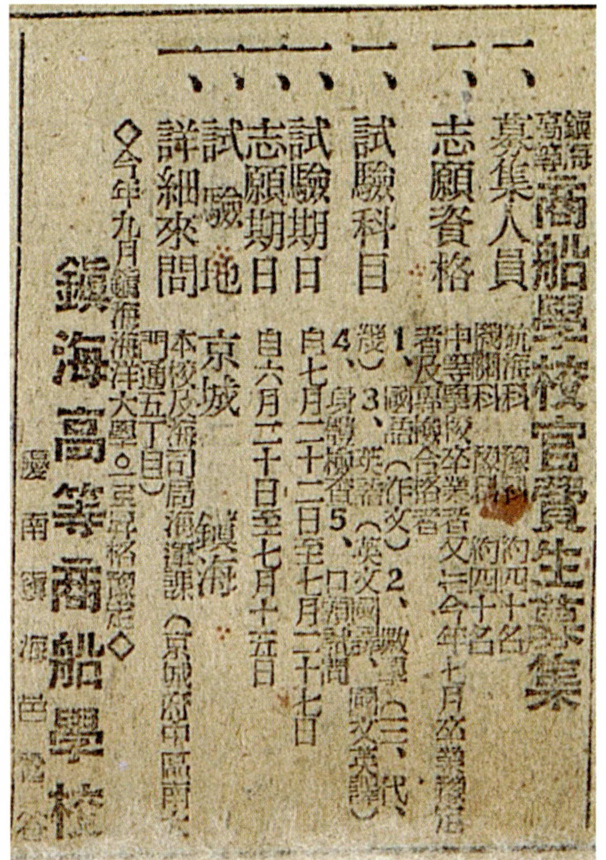

鎭海高等商船學校官費生募集

一、募集人員　約四十名

一、志願資格　航海科及機關科　中等學校卒業者及同等學力者約四十名　今年十月盜學豫定

一、試驗科目　1、身體檢查　2、國語（作文）　3、數學　4、國史　5、英文（和文英譯、英文和譯）、口頭試問

一、試驗期日　自七月二十二日至七月二十七日

一、志願期日　自六月二十日至七月十五日

一、試驗地　京城　鎭海

一、詳細來問　本校及海同局海運課（京城府中區門通五丁目）

◇今年九月鎭海海洋大學으로昇格豫定◇

鎭海高等商船學校

慶南鎭海邑海南○○公

자료 : 〈서울신문〉, 1946.6.15.

2기생 입학을 맞이해 학교 내부에서는 2기생들이 입학할 적에 환영의 노래를 불러줘야 할 것 아니냐는 논의가 있었다. 그래서 교수, 직원, 학생들을 대상으로 가사를 공모했는데, 항해과 1기 이준수의 작품이 1등 작에 선정되었다. 그것이 지금도 불리어지는 '해대요가'(海大寮歌)(현 실습선가)라는 노래다. '요가'라는 것은 '기숙사의 노래'라는 뜻으로 글자 자체만으로 보면 '요(寮)'는 불교에서 수양하는 곳을 일컫는데, 당시 이시형 학장이 '요가'라고 명명해서 '해대요가'라고 부르게 되었다.

가사가 확정이 되고 나서 곡을 붙여야 했는데, 이 일도 이준수와 음악부장을 맡고 있던 1기생 임광선이 맡아야 했다. 수소문 끝에 진해여자고등학교의 음악선생으로 계셨던 배도순(裵道淳) 선생에게 찾아가 작곡을 부탁하게 되었다. 작곡을 의뢰하고 나고 얼마 뒤 배도순 선생이 작곡을 끝내고 노래를 가르쳐 주었다. 그렇게 노래를 배우고 온 이준수와 임광선 등이 1946년 한 여름 내내 1기생들에게 '해대 요가'를 전수했고, 9월 17일, 2기 입학식에서 환영의 노래로 불러주었다.[8]

8　『상보도해록』, p.32.

1절	찬란타 무궁화 삼천리강산 유구타 오천년 조국의 역사 민족의 장래를 쌍견에 지고 세계에 웅비할 젊은이들의 포부는 가슴에 불타고 있네	**2절**	우정이 아름다운 해대의 남아 생사를 같이하는 학도 몇백명 해운 흥국의 기치를 들고 내 나라 재건의 초석 되려는 충천의 의기를 아느냐 그대
3절	춘삼월 벗님네는 봄을 즐겨도 속세의 환락이 얼마나 가랴 우국의 鐵志를 서로 품고서 깊은 밤 바닷가에 高論할 때면 중천의 달빛도 비분 하도다	**4절**	염천 밑 흑색의 팔목을 걷고 荒波를 헤치며 노를 잡으면 수평선 흰 구름이 아름답도다 소리 맞춰 당기는 양쪽 어깨에 칠대양[9] 제패의 힘을 키운다
5절	秋夜長 깊은 밤 淨机에 앉아 先哲의 진리를 탐구할 때에 月白下 窓 밖에 버러지 울고 멀리 파도소리 들려 오며는 굳센 마음에도 고향 그리네	**6절**	웅지를 못 이루면 歸省 안하리 부모의 슬하도 그리웁건만 천부의 사명은 더욱 크도다 우리의 고향은태평양이요 우리의 무덤이 될 태평양일세
7절	적도하 남쪽나라 야자수의 섬 남북극 추운나라 빙산의 흰곰 이국의 정서를 꿈에 그리며 이 항구 저 항구에 풍류를 찾는 우리는 뱃사람 바다 사나이	**8절**	아가씨 소용없는 해대생에게 윙크하는 아가씨를 어이하리요 황파는 우리 벗 우리의 사랑 뱃전에 부딪치는 파도소리는 달콤한 애인의 세레나데
9절	언제나 되려나 칠대양 제패 산 같은 황파에도 동요치 않고 휩쓰는 태풍에도 굴복치 않는 불사신의 海兒가 여기에 앉아 말하라 북극성 제패의 날을	**10절**	피끓는 충성을 나라에 바쳐 순국의 넋 됨을 우리의 本懷 삼천만 동포를 배에다 싣고 삼천리강산을 어깨에 메고 여기 여차 나가세 칠대양으로

---

[9] 일반적으로 5대양이라 한다. 5대양이란 남태평양, 북태평양, 남대서양, 북대서양, 인도양 또는 태평양, 대서양, 인도양, 남극해, 북극해를 일컫는다. 7대양이라고 할 때는 남태평양, 북태평양, 남대서양, 북대서양, 인도양, 남극해, 북극해를 이른다. 1946년에 20세의 象步가 7대양을 언급한 것과, 한국해양대학의 이전 학훈에 "우리의 소원은 7대양 제패"라는 구절을 볼 수 있다.

2기 입학 하루 전날인 1946년 9월 16일에는 김구 주석의 내교가 있었다. 〈조선일보〉 1946년 9월 19일자에 따르면, "9월 15일 김해로부터 내진한 김구 선생은 대한독립촉성회 동지부 간부, 애국부인회 동지부 간부, 지방 관공서장 등 만여명의 환호리에 여장을 푼 뒤 16일 오전 10시 숙사를 출발하여 해양대학의 진해해병단과 공작부 등을 시찰"했다.

4. 통영상선학교 재학생의 '진학' 허가

1기 입학이 이루어지고 얼마 지나지 않아 방상표가 통영해원양성소 운영을 위해 학교를 떠나게 되었다. 그는 당시 상황을 다음과 같이 회고하고 있다.

"학교가 재개되고 나서 오랫 동안 외지생활을 하다 보니 고향집에 가서 옷도 갈아입고 가족들도 돌보기 위해 통영으로 갔다. 통영읍장 지두호 씨는 내 집 바로 옆에 살고 있어 만나, 그동안 진해고등상선학교를 재개하는 일을 했다고 하니 통영해원양성소 재개문제를 거론하기 시작했다. 통영에 있었던 해원양성소는 1년 과정으로 모교에서 분리되어 해방 전까지 내가 교관으로 근무했던 곳이다. … 단기양성의 필요성도 있을 것으로 생각되어 수업연한은 좌학 1년, 연습 6개월로 정했다. 그리하여 같은 통영해원양성소를 재개하기로 결심하고, 상경하여 Carsten 소령, 해사부장 이동근 씨에게 건의해 허가를 득하고 …1946년 4월 1일 개교하게 되었다."[10]

그가 어느 시점에 통영으로 귀가했는지는 확실하지 않으나, 1기 입학식이 거행되고 난 지 얼마 지나지 않은 시기였을 것으로 추정되고 있다. 왜냐하면 2

---

10   방상표, 지난 세월의 기억을 더듬어, 『진해고등해원양성소교사』, p.254.

월 8일자 신문에 이미 '통영상선학교가 개교'한다는 기사가 게재되고 있기 때문이다.[11] 통영상선학교 교사는 식민기의 통영보통해원양성소 교사를 그대로 사용했는데, 교사는 읍 재산으로 식민기에 일본인 읍장 고다마(兒玉) 씨가 통영에 기증해 건립한 것을 그대로 사용했다. 개교식에는 운수부 해운국 선원과장 김종우 씨가 통영상선학교 교장 사령장을 지참해 통영까지 내려와 축사를 했다. 또 남대문 소재 국제수산공사의 대표 지산만 씨와 왕자제지 한국대리점 대표 탁영현 씨 등이 승용차 편으로 동승해 내려와 축하해주었다.

통영상선학교는 57군정중대 통영주둔 미군소대장 해롤드 도슨(Harold C. Dawson) 중위(1st Lieut.)의 호의로 디젤기관 어선 1척과 증기보트 1척도 양수받았다. 1946년 10월(?) 통영상선학교 측은 월동용 석탄을 확보하기 위해 철도국 부산용품사무소(용도계장 손정수)에 가기 위해 증기보트에 교관 2명과 학생 2명을 동승시켜 부산에 갔다가 돌아오는 길에 진해를 거쳐 귀교한 적이 있었다. 이때 진해해양대학의 교사를 참관한 학생들이 해양대학을 동경하는 움직임이 일어났다. 1946년 10월 이른바 '10월 사태'[12]가 일어나 학교 앞에 정박 중인 실습선에 승선한 선원 2명이 일본으로 도주해 배를 상실했다. 이 배에 묶어 두었던 증기보트도 도망가면서 방치하는 바람에 인근 암초에 좌초되었다.

이런 상황이 되자 통영상선학교 재학생들이 개인 자격으로 진해해양대학으

---

11 〈동아일보〉, 1946. 2.8; 〈조선일보〉, 1946. 2.9. 진해고등상선학교와 통영상선학교와는 별도로, 진해해원양성소와 통영해원양성소도 1946년 5월 15일 각각 개교할 것으로 예정되었다. 〈동아일보〉, 1946. 4.28; 〈자유신문〉, 1946. 4. 29.

12 대구 10·1 사건은 1946년 10월 1일에 한국의 군정기, 미군정하의 대구에서 발발, 이후 남한 전역으로 확산된 일련의 사건을 지칭한다. 역사적 관점에 따라 10월 인민항쟁, 10·1사건, 영남 소요, 10월 폭동 등으로 불린다.

로의 진학을 요청하기에 이르렀다.[13] 이에 이시형 학장은 해양대학과 상선학교의 입학자격이 상이한 것을 고려해 통영상선학교 재학생 40여명[14] 중 11월 5일 시험을 치르게 하고 재학생 중 9명을 1기생으로, 16명을 2기생으로 각각 '진학'을 허용했다.[15]

이와 같은 사실들을 종합적으로 판단해 볼 때, 진해해양대학이 통영상선학교를 병합한 것이 아니라, 통영상선학교 재학생의 이탈에 따라 통영상선학교가 폐교된 것이라고 할 수 있다. 이는 통영상선학교장인 방상표가 "본인이 진해학교에 학생을 입학시키는 데 대해 하등의 부탁을 한 바는 없었다"고 회고한 사실에서도 확인된다.[16]

제2절 미군정의 치안·국방정책과 海士

1. 미군정의 치안과 국방정책

미군정의 최우선 과제는 치안과 국방이었다. 미군정은 1945년 11월 13일, 군정법령 제28호를 통해 국방사령부 창설과 사설 경찰 및 군사단체의 해산령

---

13 방상표, 지난 세월의 기억을 더듬어, 『진해고등해원양성소교사』, pp.254-255.

14 "해사국장 이동근 씨는 다음과 같이 말하였다. …진해해원양성소(필자 : 진해고등상선학교)에서는 120명의 학생과 통영해원양성소에서는 43명의 학생이 각각 등록되었다."(〈자유신문〉, 1946. 4. 29)

15 『현대한국해운발전40년사』, p.296; 손태현, 『한국해양대학론』, p.12. 현재 소장 중인 학적부를 조사한 결과 통영상선학교 재교생으로 진해해양대학으로 진학한 것으로 확인된 명단은 다음과 같다. 1기 항해-김종식, 양학권, 정희정, 허탁(4명), 2기 항해-안정호, 기관-김국진, 이동익(3명).

16 방상표, 지난 세월의 기억을 더듬어, 『진해고등해원양성소교사』, p.255.

을 공포했다. 이어 1946년 1월 14일 국방사령부를 국방부(Department of National Defence)로 변경했다. 그러자 1946년 3월 20일 서울에서 열린 제1차 미소공동위원회에서 소련이 '한국의 임시정부 수립을 논의하는 마당에 국방부를 설치한 의도가 무엇이냐?'고 따지고 들었다. 이에 미군정청은 1946년 6월 15일 군정법령 제86호를 통해 국방부를 국내경비부(Department of Internal Security)로 변경했다. 당시 한국의 군 관계자들은 국방의 의미를 살리기 위해 한말 군제인 후영(後營)·우영(右營)·해방영(海防營)을 통합한 명칭인 통위영(統衛營)을 본 따 '통위부'로 속칭했다.[17]

〈그림 6〉 국내경비부 조직(1946.9)

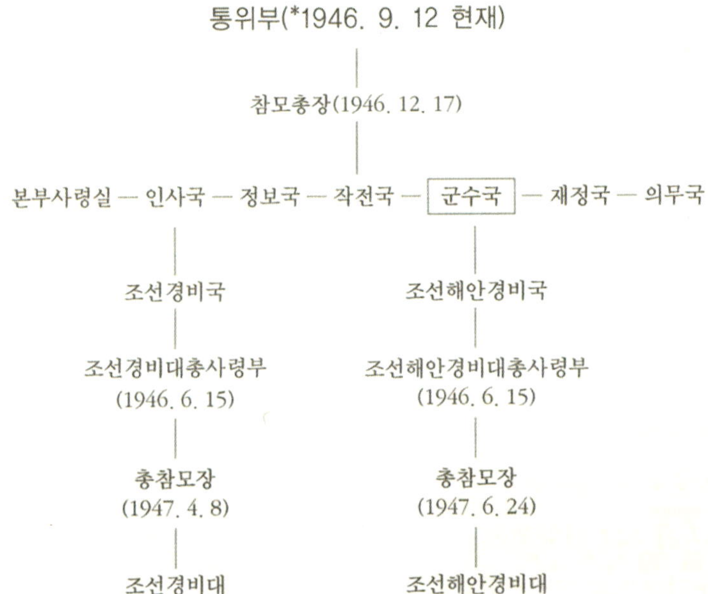

자료 : 윤경호 외, 『대한민국 건군의 주역 손원일 제독』, p.207.

---

17 이학수, 해방이후 미군정과 해군 창설, 윤경호 외, 『대한민국 건군의 주역 손원일 제독』, 해군사관학교, 2014, p.205.

국내경비부(속칭 통위부) 산하에 조선경비국(Bureau of Korean Constabu-lary)과 조선해안경비국(Bureau of Korean Coast Guard)이 설치되었다. 이에 따라 해방병단은 해방병단 총사령부 조선해안경비대로 개칭했다. 1946년 9월 11일 광복군 출신 유동열 장군이 국내경비부장으로 임명되고, 미국인 프라이스(Terril E. Price) 대령이 고문단장으로 임명되었다. 국내경비부는 인사, 작전, 군수, 정보 등 4개국과 재정, 의무, 법무, 감찰 등 4개 특별감모실로 조직되어 있었다.

그러나 손원일의 조선해안경비대는 국내경비부에 편제되지 않았고, 총사령부도 서울이 아닌 진해에 있었다. 손원일은 유동열 국내경비부장, 국내경비부 고문단장 프라이스 대령, 조선해안경비대 수석고문관 맥케이브 대령 등에게 조선해안경비대 사령부를 서울로 옮겨줄 것을 요청했다. 몇 차례 거부 끝에 유동열 국내경비부장이 건의를 받아들여 1946년 10월 1일, 손원일을 부령(중령)으로 승진시키고 서울의 국내경비부 부속건물에 조선해안경비대 총사령부가 입주하도록 허가했다.[18]

이 일이 있기 전에 손원일은 미 육군장교로 구성된 조선해안경비대 고문단을 해군장교들로 교체해줄 것을 미군정에 지속적으로 요청한 바 있었다. 1946년 9월 1일, 미국 해안경비대원으로 구성된 고문단(단장 George E. McCabe 대령)이 내한했다. 미 해안경비대 고문단은 대령 1명, 중령 1명, 소령 1명, 대위 5명, 부사관 7명 등 16명으로 구성되었다.[19] 이들의 목

---

18   오진근·임성채, 『해군창설의 주역 손원일 제독』 상, 한국해양전략연구소, 2006, pp.121-122.

19   이학수, 해방 이후 미군정과 해군창설, 윤경호 외, 『대한민국 건군의 주역 손원일 제독』, p.218; 『해군사관학교교사』, p.49.

적은 조선해안경비대의 교육훈련과 조직업무를 지원하고 군사지원 업무를 처리하기 위한 것이었다. 맥케이브 대령 등 6명은 서울에 배치되었고, 고든 맥고원(Gordon McGowan) 중령과 대위 3명, 부사관 5명은 진해에 파견되었고, 이후 추가 파견된 존 데이(John Day) 대위와 윌리엄 리얼 3세(William Real III) 대위도 진해에 배치되었다.[20]

고문단의 지원과 협조로 조선해안경비대는 1946년 9월 15일 미 해군으로부터 500톤급 상륙정(LCL, 정원 300명) 2척과 디젤함과 증기함 수 척을 인수했다.[21] 1946년 10월 25일 맥케이브 대령이 조선해안경비대의 시설과 교육훈련 실태를 파악하기 위해 진해시찰 결과, 맥케이브 대령은 조선해안경비대가 하루빨리 교육 훈련 등의 기반시설을 구축할 수 있도록 적극적으로 도와주기로 했다.

2. 해군과 해사(海士)의 상황

1946년 하반기에 조선해안경비대(총사령관 손원일 중령)측은 치안과 국방을 중시하는 미군정의 후원을 받아 정규군대가 될 준비를 갖추어 갔다. 하지

〈그림 7〉 해군병학교 교사(1946)

---

20   오진근, 임성채, 『해군창설의 주역 손원일 제독』, p.118.

21   이학수, 해방 이후 미군정과 해군 창설, 『대한민국 건군의 주역 손원일 제독』, pp.216-217.

만 당시 해군이나 해사의 사정은 궁색하기 이를 데 없었다. 손원일의 주도하에 1945년 11월 11일 해방병단이 창설된 데 이어, 1946년 1월 14일 군정법령에 따라 해방병단(영문 Coast Guard)으로 정식군사단체로 승인되었다.

해군사관학교[22]는 1946년 1월 17일 해군병학교라는 이름으로 창설되어 손원일이 초대교장을 겸임하에 2월 8일 사관생도 입교식을 거행하고 해사 1기생 총 113명이 수업을 받기 시작했다. 해군병학교는 당초 진해 군항 1-2부두에 있던 일본 해군 항무부 건물에서 개교했으나, 해방병단 총사령부가 1월 15일 옛 일본해군의 보급창(현동 68번지, 현 군수사 정통전대 소재지)으로 이전하자, 1월 22일 해군병학교도 같은 건물로 이전하였다.[23]

1946년 6월 5일 해방병단이 '해안경비대'로 개칭되자, 해군병학교도 '조선해안경비대사관학교'로 개칭되고, 8월 10일 다시 '해안경비대학'으로 변경한 뒤 1947년 8월 14일 '해사대학'으로 개칭되었다. 1948년 10월 25일 현재의 진해시 옥포만의 교정으로 교사를 이전했고, 1948년 11월 16일에는 교명을 해군대학교로 개칭했으나, 1949년 1월 15일 최종적으로 해군사관학교로 개칭되어 현재까지 사용되고 있다.[24]

해방병단 단장을 겸임하고 있던 손원일은 1946년 3월 15일 해군병학교

22　해군병학교 1기 모집공고는 〈조선일보〉(1946. 12.17)과 〈신조선보〉(1946. 12. 22)에 게재되었는데, '서울종로의 중앙청년회'와 '진해의 진해고등상선학교'에서 1946년 1월 4-5일 이틀간 치러졌다.

23　김병륜, 『이성호제독』, 해군본부, 2016, p.29.

24　[네이버 지식백과] 해군사관학교, 『한국민족문화대백과』, 한국학중앙연구원.

장직을 사임하고, 3월 16일 영어교관이었던 김일병 중위가 교장에 취임했다. 1946년 2월에 입학한 해사 1기생은 6개월간의 좌학을 마치고 1946년 9월부터 4개월간 미해군 7함대 소속 초계함에서 승선실습 중이었다.[25] 1946년 하반기 진해를 방문한 고문단은 해사 1기생들이 교사에는 없었지만, 조선해안경비대 사령부와 해안경비대학이 같은 건물에 입주해 있다는 사실을 알게 되었다.[26] 해안경비대 측에서는 시찰단에게 '함정 확보와 해안경비대학의 교사(校舍) 마련' 등의 현안 사안을 보고했을 것임은 어렵지 않게 추측할 수 있다.

3. '해사(海士)'와의 1차 합병 시도

이러한 상황에서 1946년 12월,[27] 군정청의 장교 한 명[28]이 사전 연락 없이 해양대학을 내방해 '해사와 해양대학은 모두 academy이니, 두 학교를 통

---

25 1946년 12월 15일부로 1기 61명이 임관했으나 일부 생도가 승선실습 중이던 미 해군 7함대 초계함의 입항이 늦어져 1947년 2월 7일에야 임관식을 가졌다. 『해성 이맹기』, 이맹기회장 추모사업회, 2006, p.68.

26 1946년 2월 13일 해사 1기는 신입생 90명과 편입생 23명 등 총 113명이 입교하였고, 2기는 1947년 2월에 입교하였다(『2022 동문명부』, 해군사관학교, pp.9-10). 당시 해안경비대의 병력은 1946년 11월 30일 장교 165명, 사병 1026명으로 늘어나 있었다(윤경호 외, 『손원일 제독』, p.218).

27 해사 측의 통합 제의 일시에 대해서는 1946년 10월이라는 설과 12월이라는 설이 있다. 이시형 전기에는 '1946년 10월 미군정청 담당자'(『해당 이시형과 한국해양대학』, p.89)가 제안했다고 적시하고 있어서 필자는 이를 기준으로 『상보도해록』(p.36)에 '10월 해군병학교 관계자'가 찾아와 통합을 제안했다고 기록한 바 있다. 그러나 손태현의 『한국해양대학론』(p.18, 각주 36)에 '1946년 12월 경(?)'이라고 기억하고 있고, 당시 미군정의 정책과 초창기 해군의 동향, 신문 기사(〈공업신문〉, 1946. 12.26) 등을 종합적으로 고려해 볼 때 미군정 측에서 '해군사관학교와 해양대학을 통합'하라고 한 시기는 1946년 12월이 타당한 것 같아 여기서 바로잡는다.

28 손태현이 '미 육군 장교(소령이라고 기억하나 미상)'로 기술하고 있다는 점을 고려하면(『한국해양대학론』, p.18, 각주 36), 1946년 12월 당시 교통국 해사과장이었던 Earl Carsten 소령이었을 개연성이 있다.

합(combine)'하라고 통지했다.[29] '해운입국, 해군예비사관, 인격중시 교육'을 교육이념으로 설정[30]했던 이시형 학장은 "상선사관과 해군사관은 근본적으로 다른 것이므로 통합은 있을 수 없는 일"이라고 강경하게 반대 입장을 표명했다.[31]

그러나 미군정을 등에 업은 해방병단의 해양대학 합병 시도가 쉽게 철회될 것 같지는 않았다. 게다가 1946년 당시 해군에서는 조선총독부 해원양성소 출신이 주류를 형성하고 있었을 뿐만 아니라[32] 진해해양대학의 항해·기관 전공교수 5명이 조선총독부 해원양성소 출신이었다. 광복 직전 군사 훈련을 받았던 이들이 상선사관교육보다는 해군사관교육에 더 끌렸을 것은 쉽게 납득할 수 있는 일이다.

개교한 지 1년만에 폐교의 위기에 처한 이시형 학장은 워낙 중대한 문제이므로 전 교수와 전 학생들의 자유토론회를 열어 결정하기로 했다. 이에 따라 학생·교수 총회가 개최되었다. 당시 해방 뒤 우리 사회는 '전쟁을 겪은 뒤라 군대에 대한 강한 거부감이 팽배'해 있던 시기였고, 재학생들도 '7대양 제패와 해운입국이라는 큰 포부를 갖고 해양대학에 입학했기에 shallow water navy를 지향하는 해사와의 합병에 반대'하는 여론이 압도적이었다. 이러한 분위기 속에서도 2기생 중 항해과의 고경영과 이송학, 기관

---

29 손태현, 『한국해양대학론』, p.18 각주 36. 1기생 손태현은 학생대의 2분대장으로서 이 회의에 참석하여 이 말을 직접 들었다.

30 『해당 이시형과 한국해양대학』, p.82

31 『해당 이시형과 한국해양대학』, p.89.

32 1946년 현재 정긍모(기관 별과), 김영철(항해 7기), 한갑수(기관 21기), 인항노(기관 21기), 이종성(항해 21기), 윤영원(항해 22기), 이성호(항해 23기) 등 7명이 장교로 재직하고 있었고, 이 가운데 한갑수, 이성호, 안항도, 윤영원 등 4명이 해사 교관으로 근무하였다. 방수일 최경선, 『해군창설의 주역 정긍모 제독』, p.63.

과의 3명(불명) 등 5명이 합병에 찬성했고,[33] 교직원 15명 중 8명이 해군사관학교로 이직하기로 해 7명만이 잔류하기로 했다.[34]

비록 소수이기는 하지만 일부 학생과 교수가 해사와의 합병하기를 원하자, 미군정은 합병이 성사되었다는 명분을 내세울 수 있게 되었고, 반대 측의 요구를 수용해야 하는 부담에서 벗어날 수 있었다. 이러한 논리의 연장선상에서 미군정 당국은 진해해양대학에 어떠한 실질적 조치도 취하지 않았다. 학부형, 교수, 학생 대표들이 1946년 12월 23일 모임을 갖고 여론에 호소하기로 의견을 모았으나 이후 전개과정은 여론전이 아무런 효과가 없었음을 보여주고 있다.

진해해양대학 파란 – 학부형회에서 대책 강구

진해에 있는 진해해양대학은 원래 진해고등상선학교로서 해방과 함께 우리 손으로 돌아와 일제의 압박착취하에 거의 도탄상태에 빠진 조선의 해운을 건설하려는 의도에서 운수부 해사국 관할하에 재정과 식량의 곤란을 극복하여 가며 운영되여오든 중 금번 통의부 해안경비대에서 동 대학은 해안경비대사관학교로 전환시키며 학제를 전적으로 변경하고 현재 **학생 150명**은 편입시키려 함에 대하여 그 교육목적이 상이한 상선교육을 해안경비대사관교육을 혼돈하야 동일교육을 실시함은 모순되기 짝이 없음으로 ○○○○ 학생, 교수 대표가 금일 23일 하오 1시부터 남창동 조선광업회에 모여 그 대책을 강구하는 1만 관계당국 및 사회여론에 호소하기로 되

---

33 해사 편입생은 1947년 2월 24일까지 사관학교로 출두하도록 안내되었다. 〈현대일보〉, 1947. 2.16.

34 이시형, 이재신, 정인태, 정범석, 안상문, 변○○, 김○○. 손태현, 『한국해양대학론』, p. 19 각주 41; 『진해고등해원양성소교사』, pp. 303-338; 『한국해양대학교 50년사』, p.790; 항해과 2기생 신태범 KCTC 회장과의 회고(2023. 6.2).

었다고 한다.(〈공업신문〉, 1946. 12.26)

〈그림 8〉 재학증명서(1946.12.9.)

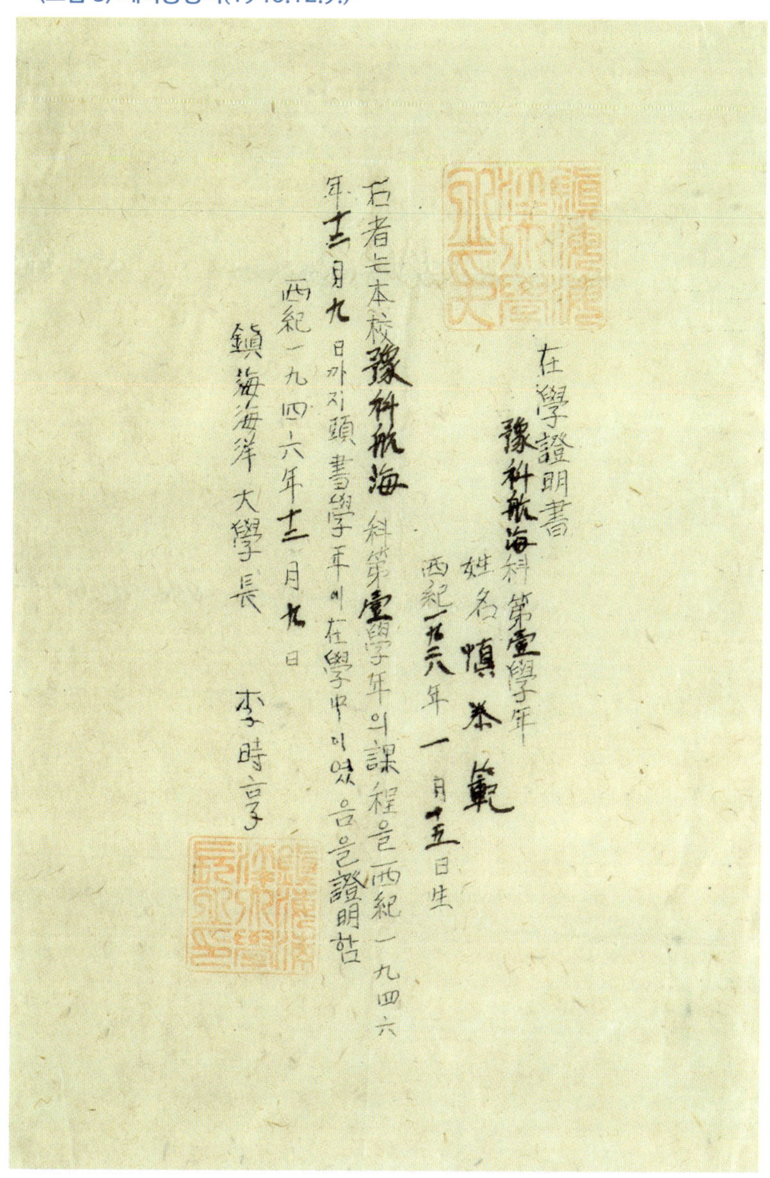

在學證明書

豫科航海科 第壹學年

姓名 慎泰範

西紀一九二六年一月十五日生

右者는本校 豫科航海科第壹學年의課程을西紀一九四六年十二月九日까지頭書學年에在學中이었음을證明함

西紀一九四六年十二月九日

鎭海海洋大學長 李時享

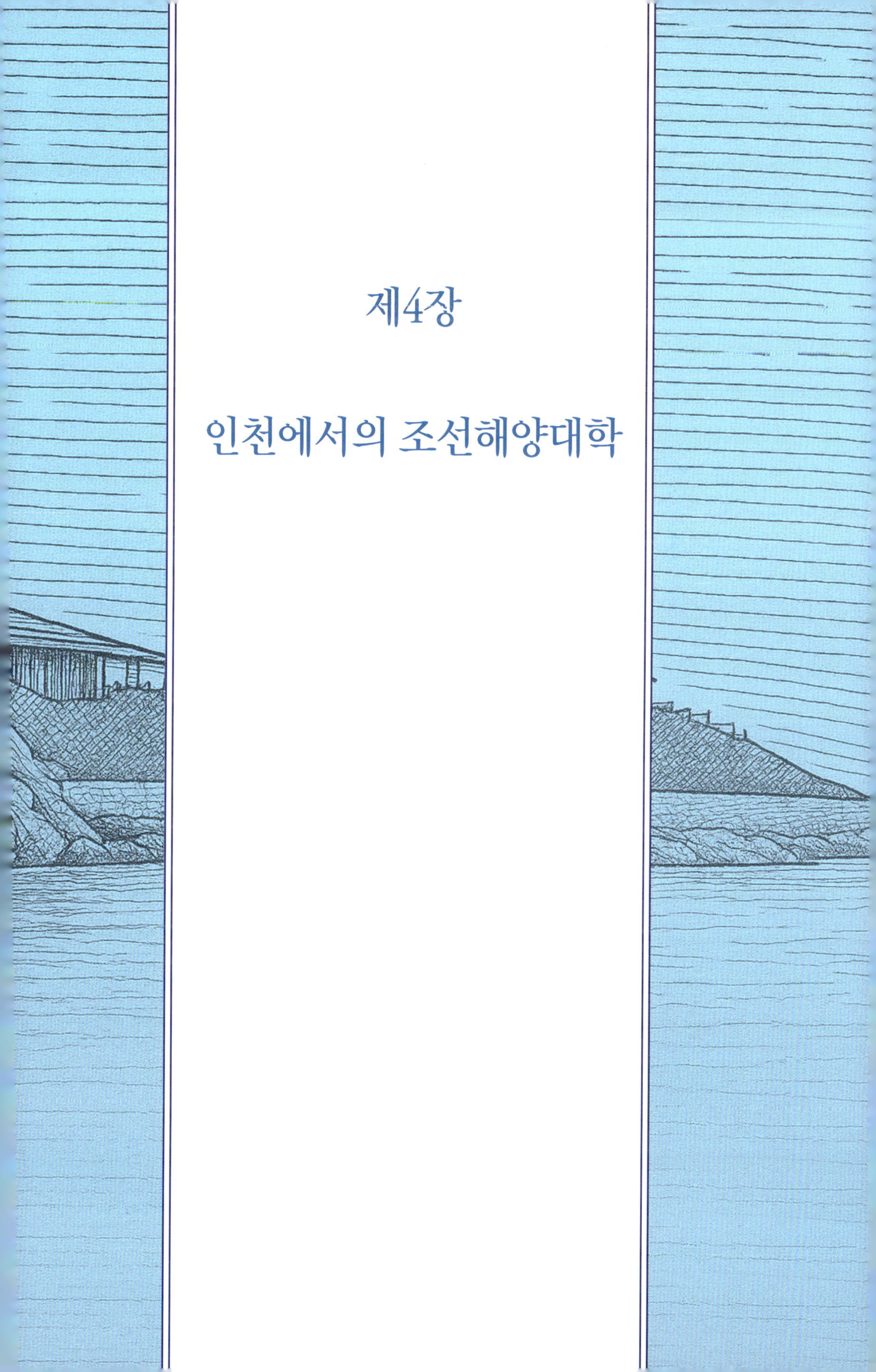

제4장

인천에서의 조선해양대학

제1절 인천해양대학 설립

식민기 말 인천 월미도에 보통선원을 양성하는 인천해원양성소가 운영되고 있었다. 해방 직전인 1945년 6월 30일 현재 항해과 163명, 기관과 154명 등이 등록되어 있었고, 해방 당시에는 일본인 7명을 포함해 28명이 재소 중이었다.[1]

1946년 2월 5일 교통국 해사부장에 임명된 이동근은 3월 29일 미군정 직제개편에 따라, 해운국장(속칭 해사국장)으로 개칭되었다. 이동근은 진해고등상선학교 1기 입학식이 있은 지 불과 한 달 뒤인 1946년 2월 8일 〈동아일보〉와의 인터뷰에서 '통영상선학교 개교'를 언급하고 있고, 2월 9일 〈조선일보〉와의 일문일답에서는 '인천에다 또 양성소를 설치할 작정'임을 밝히고 있다. 1946년 2월 10일 교통국 해사부장이던 이동근은 '현재 통영 보통선원양성소와 인천 고등선원양성소를 설립 중인데, 현재 14개소에 있는 양성소를 두 곳에 통합하겠다'는 계획을 피력한 바 있었다.[2]

이러한 계획 하에 군정청 해운보좌관 로렌스 넬슨(Lawrence Nelson) 중령과 이동근 해운국장은 인천에도 해양대학이 필요하다고 생각해 인천해양대학을 설립하려고 했다. 당초 계획으로는 이동근이 학장을, 그리고 정인섭이 부학장을 맡기로 예정되어 있었다. 그러나 준비하는 과정에서 이동근은 1946년 6월, 오사카상선에서 승선생활을 하다 1946년 4월 귀국한 황부길에게 학장을 맡아달라고 의뢰했다.[3] 1946년 9월 8일 '예과 2년, 본

---

1   손태현, 증정판 『한국해운사』, p.277.

2   〈공업신문〉, 1946. 2.10.

3   황부길 회고담, 『한국해운항만발달사』, 한국해사문제연구소, 1980, p.1436; 황부길회고록,

과 5년 7년제의 인천해양대학 신입생을 10월부터 선발할 것'이라는 학생 모집안이 〈동아일보〉에 실렸다. 10월 5일에는 학생입학안내 팜플릿이 제작되어 배포되었다. 1946년 10월 10일에는 해양대학완성기성회가 결성되어 인천부윤 임홍재가 회장을 맡았다.[4]

황부길은 교사 확보를 위해 4개월 동안 동분서주하며 교사 확보와 신입생 모집 등의 업무에 전념했다. 그러나 인천부윤의 적극적인 지원에도 불구하고 교사를 확보하는 데 실패하자 황부길은 1946년 10월 말 학교업무를 미군정 해사국에 업무 일체를 넘기고 학교를 떠났다. 그는 1946년 11월 조선우선 해무감독으로 취업했다.[5]

당초 일정상으로는 원서를 10월 10~30일까지 접수하고, 1946년 11월 8~9일 시험을 보고, 11월 22일 합격자를 발표한 뒤 12월 2일 입학식을 거행하는 것으로 예정되어 있었다. 그러나 학장도 부재하고, 마땅한 교사를 찾을 수 없었다. 그에 따라 인천해양대학의 신입생 모집 일정은 연기되었다.

『해양한국』, 2001.11, p.120.

[4] 〈자유신문〉, 1946. 10.8; 〈경향신문〉, 1946.10.10. 임홍재 인천부윤이 '후원기성회'를 맡게 된 것은 해양대학 후원을 위한 것이 아니라, 부산의 수산전문학교의 인천 이전을 후원하기 위한 것이었다(〈대중일보〉, 1947.5.10.). 그러나 10월 군정청 미국인 학무국장으로부터 '부산 수전의 인천 이전을 금지'한다는 통지가 오게 됨에 따라, 기성회가 모금한 기금은 '해양 관련 학교 신설에 사용키로 의결'하고 기성회를 해체하였다(〈대중일보〉, 1947.5.11.). 그러나 해사국의 이동근과 Carsten 등이 인천해양대학 신설을 추진하게 되자 해양대학완성기성회를 만들어 모금을 진행하던 중 1947년 1월 중순에 임홍재가 부윤에서 물러나게 되자 일이 지지부진해졌다(〈대중일보〉, 1947. 5.14).

[5] 황부길 회고담, 『한국해운항만발달사』, p.1437; 황부길회고록, 『해양한국』, 2001.11, p.121.

해양대학 신입생 모집기일을 연기

운수부 해사국 11월 5일 발표에 의하면 최근 신설된 인천해양대학 신입생 모집기일을 오는 10일까지 연기하였으며 시험기일은 18일부터 25일까지 인데, 자세한 것은 인천에 잇는 동대학이나 시내 한강로 해사국에 문의하면 된다고 한다.(〈자유신문〉, 1946.11.6.)

조선 최초의 해대 : 제1기생 백명을 모집

운수부 해사국에서는 인천해양대학의 개교를 12월에 앞두고 현재 제1기생으로 예과생 백명을 모집 중이라 한다. 동 대학은 진해해양대학과 함께 조선에 창설한 최초의 것이며, 더욱 해군진출에 뒤떠러진 조선에 있어서 이 대학의 발족은 의의가 있다고 한다. 한편 이에 압서 동 대학 설립기성회에서는 건물신축과 부속시설에 필요한 삼천만원의 기금을 도내 일원에서 조달하기 위하야 동기성회장 任鴻宰(인천시장) 이하 동회 관계자는 이미 적극적인 활동을 개시하고 있다 한다. 또한 동대학은 기술자 부족으로 현재 항해과, 기관과, 조선과(당분 보류)의 3과를 설정하고 있을 뿐인데 장차 동대학이 충실됨에 따라 여러 분과가 증설될 것이라 한다.(〈제삼특보〉, 1946. 11.17)

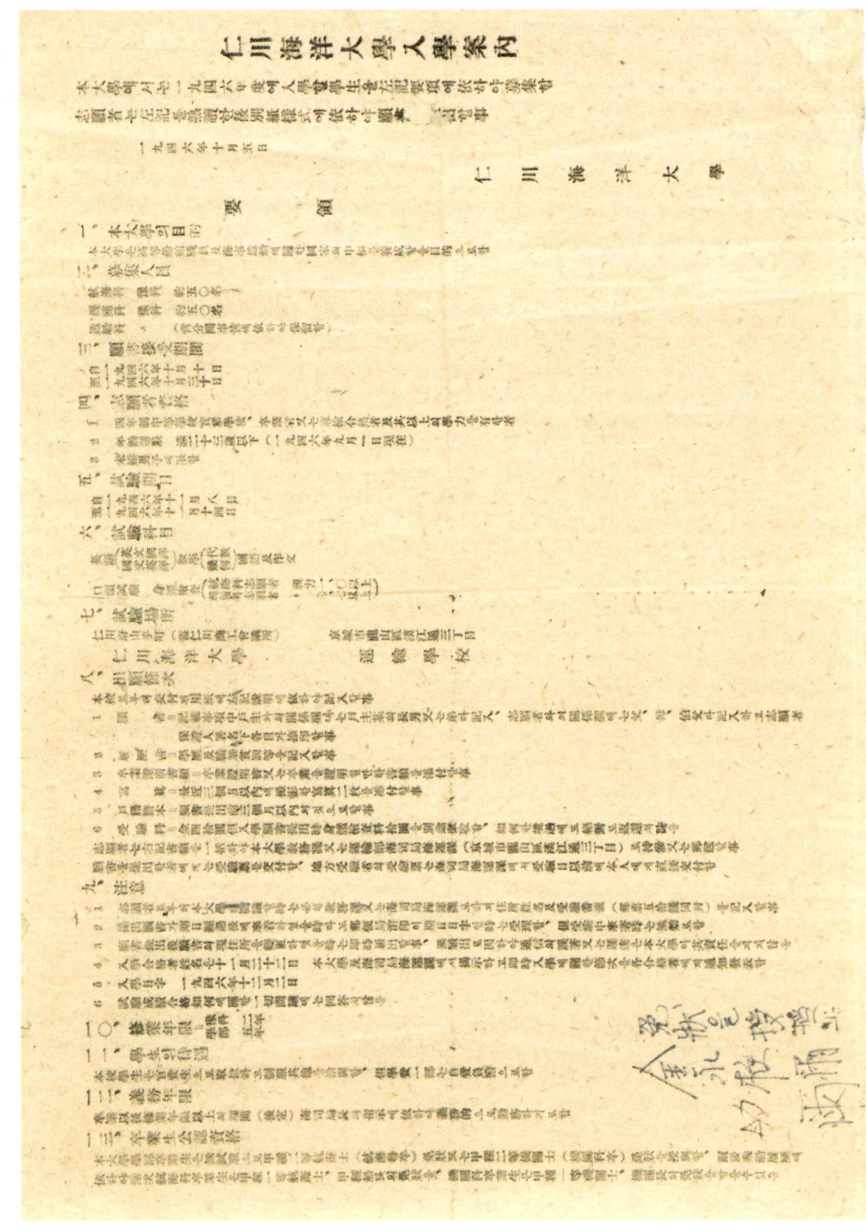

<그림 9> 인천해양대학 학생 입학 안내(1946.10.5)[6]

---

6   인천광역시립박물관, 『해양의 도시, 인천』, 2017, p.85.

우여곡절을 겪은 끝에 인천해양대학은 신입생 모집을 완료하고 1946년 12월 20일 입학식을 거행했다.[7] 입학식은 "인천 사동 인천항수축사무소에서 미군정 운수부 황현철 차장과 넬슨 중좌(현 중령) 등이 참석한 가운데 성대하게 치러졌다."[8] 인천해양대학은 항해과 60명, 기관과 60명을 선발했다. 교수진으로는 이기복(고등 N11), 최창호(영어), 최더일(수학), 김재근(조선)[9] 등으로 구성되었다.[10] 인천해양대학은 학생과 교수만 있고, 교사(校舍)와 학장은 없는 이름만 있는 학교에 지나지 않았다. 인천해양대학 설립이 지지부진하자 이를 주도했던 미군정은 난감한 상황에 처할 수밖에 없었다.

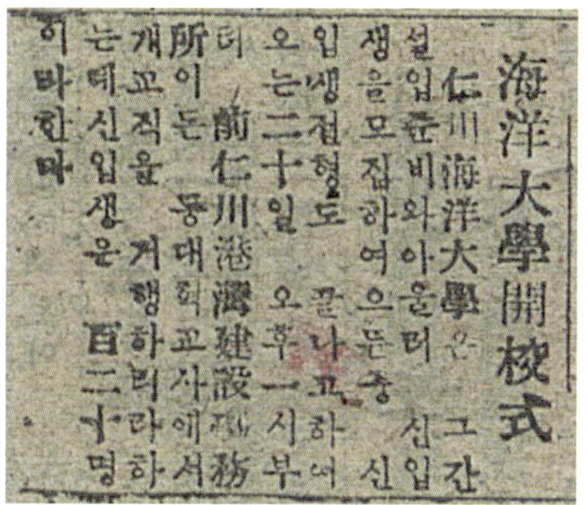

〈그림 10〉 인천해양대학 개교 기사

海洋大學開校式

仁川海洋大學은 設立준비와 아울러 新入生을 모집하여 오든 중 그 新入生 모집도 끝나고 開校式은 오는 二十일 前 仁川港灣建設事務所에서 거행하기로 하며 新入生은 百二十명이라 한다

자료 : 〈독립신보〉, 1946.12.19

7   〈독립신보〉, 1946.12.19. & 12.22; 〈공업신문〉, 1946. 12.20; 〈대한독립신문〉, 1946.12.22.; 인천직할시, 『인천시사』 하권, 1993, p.963.

8   '옛 항만건설사무소', 〈공업신문〉, 1946. 12.20; '인천항수축사무소', 〈수산경제신문〉, 1946. 12.22. 인천공회당이나 인천상공회의소라 적고 있으나(손태현, 『한국해양대학론』, p.12 각주 15), 이는 오류다.

9   김재근은 '1946년 10월에 인천해양대학'에 합류한 것으로 회고했다. 김재근, 『배의 역사』, 서울대학교조선공학과동창회, 1980, p.331.

10   『한국해양대학교 50년사』, p.65.

제2절 인천해양대학으로의 흡수·통합 및 '조선해양대학'으로 개칭

진해해양대학으로서는 압도적 다수가 해군사관학교와의 합병에 반대했지만, 소수의 학생과 다수의 교수들이 찬성한 상황이라 이러지도 저러지도 못하는 어정쩡한 상태로 1947년을 맞았다. 이런 상황에서 1월 30일, 해안경비대학(해사의 당시 교명) 고문 고든 맥고원(Gordon McGowan) 중령이 1947년 2월 1일부[11]로 '동 대학은 해안경비대가 접수케 되어 해안경비대학(현 해사)으로 사용케 되었으니, 편입 희망자는 머물러 있고, 그러치 않은 자는 2월 11일 정오를 기해 퇴교하라'고 진해해양대학 측에 통지했다.[12] 해사 측으로서도 1947년 2월 초에 2기생 86명이 입학하기로 예정되어 있었고, 곧 3기생 모집에 들어갈 예정이었다.[13] 이들로서는 이 많은 인원을 해안경비대 사령부 한 건물에 수용할 수는 없었다.

진해해양대학으로서도 더 이상 군정 당국의 결정을 거부할 수 없었다. 국내경비부는 월미도 해안경비대 인천기지[14]로 사용하던 임해호텔 용궁각의 별관을 숙소로 내주었다. 교사 인계 지시와 새 교사를 지정받은 이상 진해

---

11 〈공업신문〉, 1947. 4.20; 손원일의 1947년 11월 11일 해방병단 창설2주년 기념식사에서도 "1946년 2월 1일, 등대 관리와 해양대학이 운수부로부터 이관되어 관리 중"이라고 언급하고 있다(『손원일 제독 어록』, 해군본부, 2015, p.153; 오진근·임성채, 『해군창설의 주역 손원일 제독』 상, p.125). 그러나 『한국해양대학교 50년사』(p.849)에는 교통부(당시 운수부)인 관할 부처를 국방부(당시 통위부)로 이관한 날을 1월 30일로 적고 있는데, 이는 통지를 받은 날인 것으로 보인다.

12 〈한성일보〉, 1947. 2.15.

13 해사 3기생은 1947년 9월 2일에 입교하였다.

14 Archer Lerch 2대 군정장관은 1946년 4월 18일, 월미도를 해안경비대 훈련장으로 전용한다고 발표하였다. 『인천시사』 하, 1993, p.962.

에 머무를 이유가 없어졌기 때문에 1월 30일(목), 총회를 열고 일단 교사를 비워주고 인천에 휴교상태인 인천해양대학과 합병한 뒤 해결책을 찾아보기로 했다. 학생들은 개인 사물만 챙긴 뒤 단체로 진해역에서 야간열차로 타고 용산역에 이튿날 새벽에 도착했다. 용산 해운국 뒤뜰에 모였다가 수도권 학생 일부는 귀가하고 일부는 인천으로 이동했다. 1월 31일(금) 용궁각 별관에는 이시형과 30여명의 학생들이 모였을 뿐이다. 짐을 정리히고 곧 2월 말까지 겨울방학에 들어갔다.

그러나 진해해양대학과 인천해양대학 재학생과 학부형은 해양대학의 존속을 위해 해운국과 군정청 당국에 '해대 존속을 진정했다. 학생대표 항해과 1기 김종욱 등 백여 명이 2월 14일 서울 운수부 청사 앞에서 '사관학교로의 편입반대 진정 시위를 했다.[15] 그러나 운수부 해운국 내에 해양과가 폐지되어 진해해양대학을 관할할 주체가 없어진 상황이었다. 2월 1일부로 해운 업무는 국내경비부 관할로 이관된 상태였다.

해양대학 이관 반대 진정

군정장관의 명령으로 해사국 관할로부터 통위부로 이관된 인천, 진해 양 해양대학 문제는 학생과 학부형의 반대로 위기에 봉착하였다 한다. 해사국에서는 시급한 고급선원, 고급기관사를 양성코저 고등해원양성기관으로 양지에 대학을 설립하고 약 500명의 인재를 양성하고 있는 중인데, 금번 이런 명령에 접하자 학부형측에서는 이는 자녀를 해군편입으로 이도하는 것이며, 학생들 당초의 희망과 목적에 배치되는 것이라 하여 반대진정

---

15 〈한성일보〉, 1947. 2. 15.

을 관계방면에 하고 있다 함으로 금후 동 대학문제는 어떻게 해결될는지 주목된다.(〈한성일보〉, 1947. 2.12)

해양대학 존속, 학생들이 진정

(1947년 2월) 14일 진해해양대학 **재학생 140명** 대표 95명은 해사국을 차저와 지난번 군정청 명령으로 동 해양대학은 해안경비대에 편입하여 사관의 훈련을 밧거나 또는 인천해양대학교에 편입하라는 지시에 대하여 반대 진정을 하엿다. 즉 그들은 해양술을 배울려고 하는 학도인데, 사관의 훈련을 바드라는 것은 천만부당한 소리며 인천해양대학 역시 군정청 명령에 의하여 해양과가 폐지된 상태임으로 해양대학 존속을 어데까지 주장하는 친정서를 이동근씨와 넬슨 양 해사국장에게 전달하엿다 한다. (〈자유신문〉, 1947. 2.17.)[16]

학생들의 상경 진정이 있고 난 다음날인 2월 15일 국내경비부는 진해해양대학생을 인천해양대학에 편입시키기로 결정했다. '진해해양대학의 전 학생을 인천해양대학에 편입시키고, 학생들의 요망을 받아들여 상선교육을 계속키로 되어 2월 24일 오전 10시 인천 동대학에서 개교식을 거행하기로 했다.'[17] 이제까지 진해해양대학과 인천해양대학이 합병해 조선해양대학이 된 것으로 알려져 있었다.[18]

---

16   이와 유사한 기사가 〈한성일보〉 1947. 2.12자에 게재되었다.

17   〈한성일보〉, 1947. 2.16; 〈민보〉, 1947. 2.16.; 〈현대일보〉, 1947. 2.16; 〈대구시보〉, 1947.2.17.; 〈부녀일보〉, 1947. 2.18; 〈영남일보〉, 1947.2.18.

18   『한국해양대학교 50년사』, p.65.

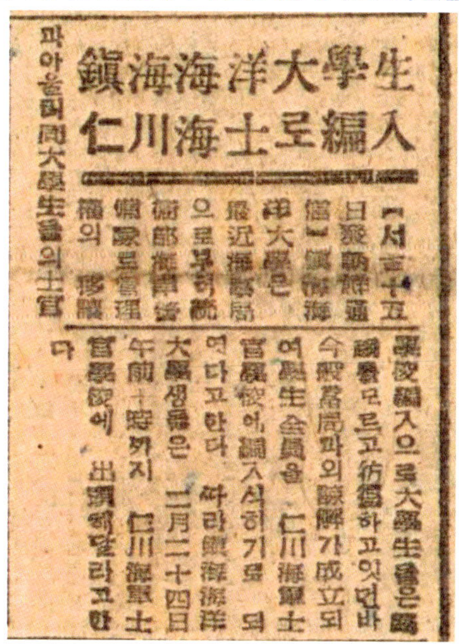

자료 : 〈대구시보〉, 1947. 2.17

〈표 7〉 진해해양대학생의 인천해양대학으로의 편입 기사

게재지	게재일	기사제목	기타
민보	1947.2.16	진해해양대학, 인천 海士校로 편입	
한성일보	1947.2.16	인천해대에 편입, 진정중의 진해해대사건해결	
현대일보	1947.2.16	진해해양대학, 인천사관교에 편입	
대구시보	1947.2.17	진해해양대학생, 인천 海士로 편입	2.15 조선통신
부녀일보	1947.2.18	진해해양대학, 인천 海上校에 편입	2.15 조선통신
영남일보	1947.2.18	진해해양대학을 인천해사교 편입	

* 인천해사, 인천사관교, 인천해상교 등은 인천해양대학의 오보임.

진해해양대학의 교수 다수와 학생 일부가 해군사관학교로 편입되어 갔고, 1947년 2월 1일부로 해양대학의 관할부처가 국내경비부로 이전되었기 때문에 진해해양대학은 법적 실체가 없어진 셈이었다. 이에 비해 인천해양대학은 교사를 확보하지 못한 상태였지만, 법적으로는 국내경비부 관할 하에 법적 지위를 유지하고 있는 상태였다.[19]

<그림 12> 월미도 용궁각

---

19   윗 그림 : 월미산 개방 기념 월미추억자료전(2001.10.13.).

조선해양대학 합병개교식은 1947년 2월 24일 용궁각 별관에서 개최되었다.[20] 1937년에 높이 30척(12m), 건평 180평으로 지어진 용궁각[21]은 조탕(潮湯)과 함께 월미도 유원지의 대표적인 명소였다. 술과 음식을 즐기면서 사방으로 난 창문을 통해 낚시도 할 수 있는 고급 요정이었다. 본관은 해안경비대 인천본부로 사용되었고, 그 별관을 진해해양대학이 기숙사로 사용했다. 용궁각 별관에 재학생을 수용하는 데는 문제가 없었으나 교사가 없어 정상적인 수업은 이루어지지 못했다. 그 대신 김규식 선생님 같은 애국지사들을 모시고 특강을 듣는 게 고작이었다. 이보다 더 큰 문제는 하루 세 끼 학생들의 식사 문제를 해결하는 일이었다. 이시형 학장대리(또는 교무주임)는 보통 7월 중순에 시작하는 여름방학을 1947년에는 5월 중순에 시작해 식사 문제를 해결하려고 마음먹고 있었다고 회고했다.[22]

1947년 2월에서 3월 사이에 인천에서 교사를 확보하기 위해 교수와 학생들이 백방으로 노력했으나, 인천시와 인천시민들의 반응은 냉혹하리만치 싸늘하기만 했다. 조선해양대학은 인천 시내에서 교사를 구하려고 교직원과 학생들이 동분서주했으나, 별 성과 없이 나날을 보내고 있었다. 그러던 중 인천 용강국민학교에 주둔하고 있던 미군부대가 다른 곳으로 이동한다는 정보를 접하고 김주년과 학생회 임원이 표양문 인천부윤(재임 1947.2-1950.4)을 찾아 해양대학 교사로 양도해줄 것을 간청했으나 일언지하에 거절당했다. 표양문 부윤은 초등학교가 모자라 초등교육에 막대한 지장이 있어서 미군부대에 사정해 이루어져서 도저히 불가하다는 것이었다.

---

20 〈한성일보〉, 1947.2.27.
21 〈동아일보〉, 1937.6.15.
22 『해당 이시형과 한국해양대학』, p.93.

또 다른 정보는 인천상업고등학교의 교사가 많이 남아돈다는 것이었다. 일본인과 공학하였는데, 일본인이 귀국하여서 충분한 여유가 있다는 것이었다. 그래서 김주년과 학생회 임원 몇 명이 상업고등학교를 방문하고 선처를 부탁하려고 교문 앞에 도달한즉 어느새 정보가 샜는지 교문은 꼭 잠겨있고, 교문 위쪽에는 해양대학 결사반대라는 플래카드만 무정하게 펄럭이고 있었다. 또 송도 부근에 혹시나 빈 건물이 있나를 살펴보기로 했으나, 교사를 구하려는 노력은 시 당국과 시민들의 냉혹한 무관심과 비협조로 뜻을 이루지 못하고 시일만 흐르고 앞이 보이지 않자 모두 허탈에 빠지고 이탈하는 학생들도 나왔다.[23] 때마침 기관과 2기생으로 김주년의 노력으로 군산시와의 협의가 잘 이루어졌다.

〈그림 13〉 조선해양대학이 자리했던 용궁각 터

---

23 김주년, 한국해양대학 연혁의 단면의 뒤안길, 『한국해양대학교 50년사』, p.69.
24 옛 지번으로 인천 북성동 1가 98-8번지(현 인천 중구 월미문화로 16번지)

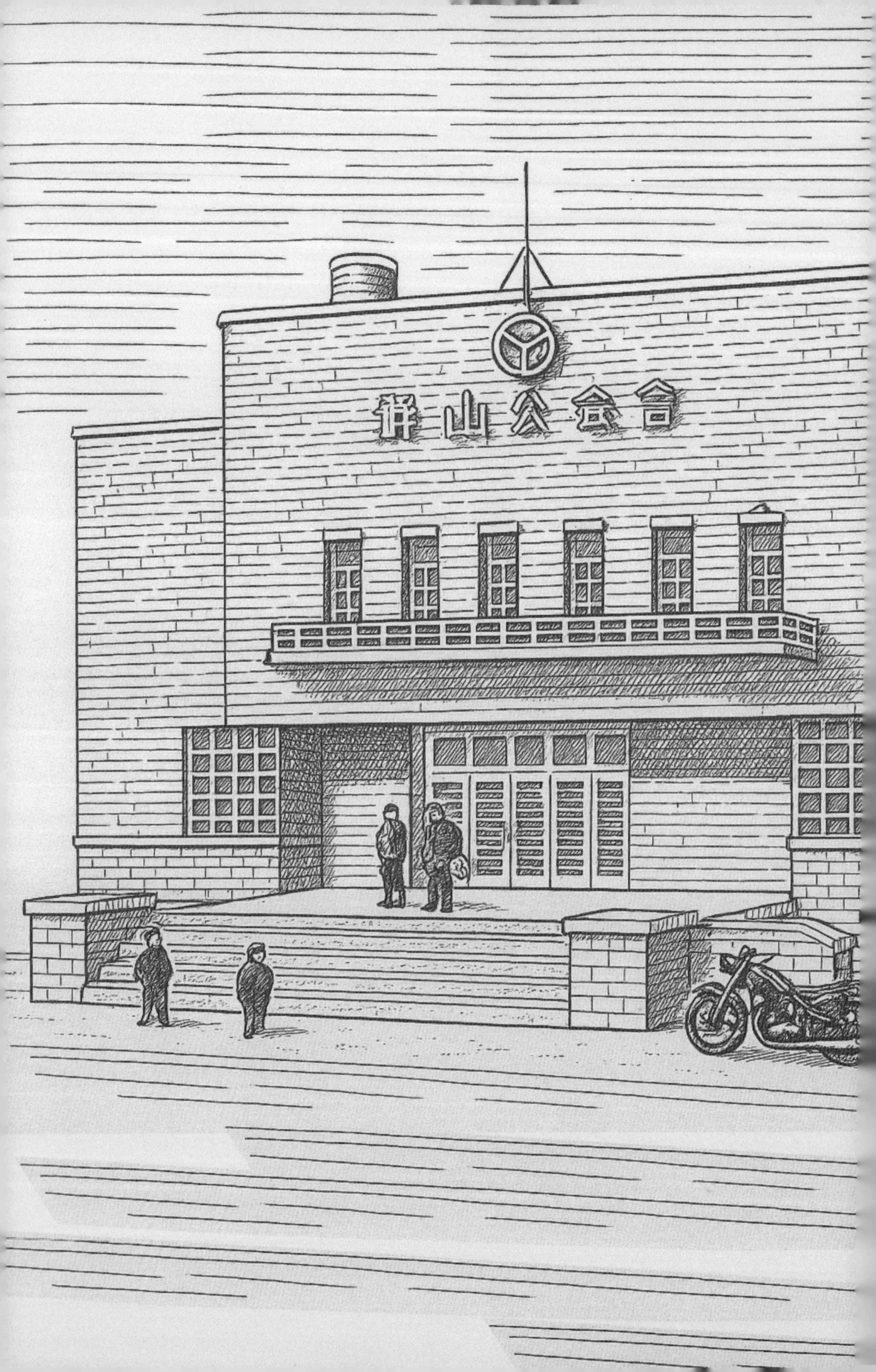
桦山公会堂

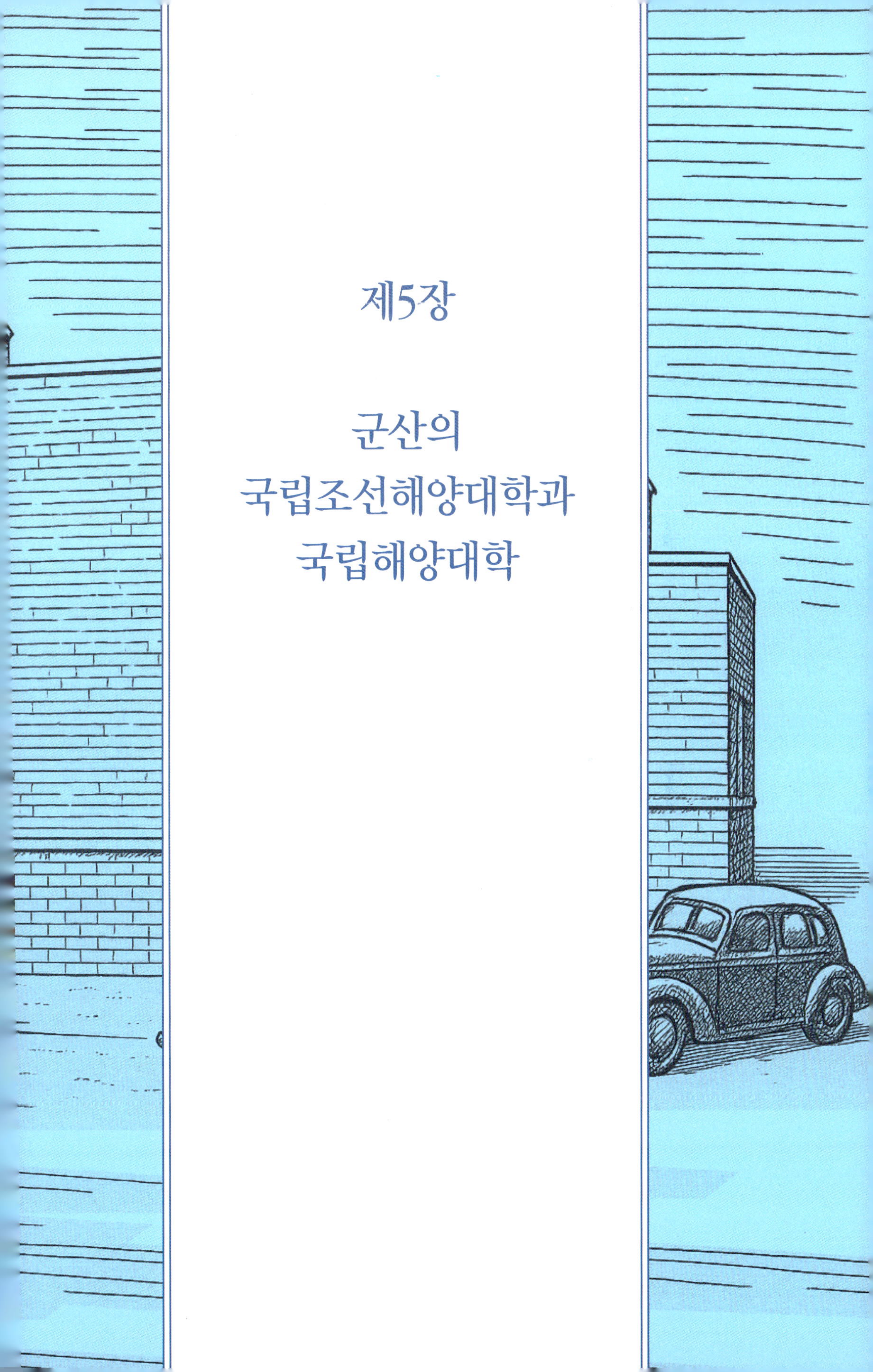

제5장

군산의
국립조선해양대학과
국립해양대학

제1절 군산시의 해양대학 유치

1946년 해양대학이 진해에서 식량난으로 고생하고 있을 때 군산시에서 해양대학을 유치하고자 했던 일이 있었다. 이를 상기해 낸 옥구 출신의 기관과 2기생 김주년이 '봄방학 때 귀성길에 군산에 들러 유치 의사를 타진해 보면 어떠냐?'고 이시형 학장대리에게 의중을 물었다. 이에 이시형은 기관과 2기생 김주년과 김경천에게 군산시를 방문해 자신이 써준 서한을 전달하고 의중을 알아보라고 지시했다. 1947년 3월 21일(금), 이시형은 두 학생에게 4월 신학기에 지급하기로 예정된 해군 제복을 서울 명동 해군보급창에 가서 받아 착용하고 방문하라고 지시했다. 이렇게 해서 김경천과 김주년은 해양대학 역사상 처음으로 해군 제복을 착용한 학생이 되었다.

3월 22일(토) 김주년은 군산으로 가던 이리-군산 통근열차에서 자신이 잠시 근무한 바 있던 군산국민학교의 강우득 교장을 만났다. 이 분의 주선으로 박봉섭 군산시장을 만나 용건을 말하니, 박봉섭 시장은 당일 오후 교육자협의회를 긴급 소집하였다. 이 교육자협의회에서 해양대학을 유치하는 것으로 결정되었다. 이 보고를 전해 들은 이시형 학장대리는 최창호, 이종민, 김재근 교수 등을 대동하고 직접 군산시를 방문했다. 이 자리에는 박봉섭 시장을 비롯해 김판술 교육자협의회 의장과 강택수 군산중 교장 등 30여명의 유지들이 참석했는데, 양측은 해양대학의 군산 이전시 지원책에 대해 논의한 뒤, 다음과 같이 합의했다.

1) 2천만원[1]의 기금 지원

---

[1] 1947년 12월 소두 한 말(8kg)에 120원(〈경향신문〉, 1947. 12.11)정도였고, 2024년 1월 현재 백태 8kg이 5 - 6만원 사이이다.

2) 군산국민학교 별관 교실을 임시교사로 제공하고, 장차 미곡창고를 교
   사와 기숙사로 개조해 제공하고
3) 기숙사가 마련될 때까지 학생 전원을 군산 시내의 여관에 분산 수용하
   고, 여관비는 군산시에서 부담하며
4) 교수의 사택은 고려여관과 별도로 학장 관사를 제공하고
5) 학생, 교수 및 그 가족에게는 1인당 6홉의 백미를 배급한다.

당시 경제 및 정치 상황을 고려하면 군산시의 이와 같은 지원책은 파격적
이었다. 전라북도지사(당시 부사)와 미군정고문관 등이 협의해 자금 모금
을 위해 군산 시내버스, 기차, 만월표 고무신 등의 가격에 해양대 지원금을
부과하도록 조치했으니, 전라북도와 군산시민이 얼마나 해양대학 군산 유
치를 갈망하고 노력했는지를 짐작할 수 있다.

이시형 학장대리는 '4월 11일 인천부윤을 방문해 30일까지 인천 부윤의
태도를 보아 군산 이전 문제를 결말지을 것'이라고 통지했다. 이에 표양문
인천 부윤은 4월 15일, 창립발기인과 기성회 및 학부형회를 소집했으나,[2]
이렇다 할 진전이 없었다. 1947년 4월 15일(화)에는 군산으로 이전이 확
정되어 4월 18일자 신문에 군산 이전 기사가 게재되었고,[3] 중앙방송을 통
해 학생들은 4월 25일(금)까지 군산으로 집합하라는 뉴스가 방송되었다.[4]
이러한 이전 움직임에 대해 인천해양대학 기성회와 학부형 대표를 중심으
로 동 대학 존치대책위원회를 조직하고 4월 18일(금) 시민대표자회를 개

---

2   〈대중일보〉, 1947. 4.13.
3   〈민보〉; 〈경향신문〉, 1946. 4. 18.
4   『인천시사』 하, p.964.

최했다.[5] 해안경비사령부는 4월 20일자로, 해양대학이 군산으로 이전하기로 했다고 발표했다.[6]

해양대학 군산으로

해안경비대에서는 진해해양대학과 인천의 해양대학을 합동하여 유일한 남조선해양대학으로서 인천에 설치하기로 되었었는데, 인천에는 마땅한 교사와 합숙소, 기타 제반설비를 구비할만한 곳이 없어 군산으로 해양대학교를 이전하게 되었다 한다.(〈경향신문〉. 4.18)

인천·진해 양 해양대학, 조선해양대학으로 통합

운수부 해상운수국에서 직할하는 진해해양대학과 인천해양대학은 2월 1일부로 통위부 해안경비대로 이관하는 동시에 양 대학은 합동하야 조선해양대학으로서 재발족하게 되었다 한다. 그리고 동대학의 교사는 제반사정으로 군산으로 이전하리라 한다.(〈공업신문〉, 1947. 4.20)

----

5 〈경향신문〉, 1947. 4.18.
6 〈현대일보〉, 1947. 4.18; 〈독립신보〉, 1947. 4.18.

더 이상 인천에 머무를 이유가 없어진 해양대학은 곧 화물열차 몇 칸을 빌려 항해과 1기 손태현과 기관과 2기 김주년의 인솔하에 학교 집기와 비품을 싣고 군산 장미동 하나오카(花岡) 정미소 창고에 짐을 풀었다. 군산유지 이만수가 창고와 여관 등을 수리 제공했고, 임시교사는 군산초등학교 별관을 사용했다.[7]

4월 25일경 교수와 학생들이 모두 군산에 집결해 10여일 가량 개학 준비를 마치고, 1947년 5월 5일(월), 전북도 미고문관, 박봉섭 시장, 손원일 해군중령, 김범초, 이만수, 김판술, 이요한, 변광호 등을 비롯한 내외 귀빈을 모시고 군산국민학교 운동장에서 개강식을 갖고, 축하 가장행렬과 군산시청에서 군산역까지 시가행진을 진행했다. 조선해양대학 현판을 군산국민학교 정문에 내걸었다.[8]

---

7   『현대 한국해운발전 40년사』, p.296.
8   최영, 추억 속의 해양대학, 『해양담론』 6호, 2019, p.185.

〈그림 16〉 가장행렬 후(1947.5.5.)

군산으로의 이전이 순조롭게만 이루어진 것은 아니었다. 그 주된 이유는 군산시가 약속한 지원이 제대로 이루어지지 않았기 때문이었다. 임홍재에 이어 인천 부윤에 임명된 표양문은 인터뷰에서 다음과 같이 밝혔다. "해양 대학 인천 재이전설에 대하여 아즉 즉답할 수 없다. 지난 (5월) 14일 군산 에서 해양대학 교수 모 씨가 내방하여 다시 인천 이전의 희망을 피력한 바 있었는데, **이유는 군산부민이 기한부조건을 하나도 이행치 않았다**는 것이 라 한다. 그런데 이것이 정식으로 다시 문제가 된 때에는 나는 학교측보다 도 먼저 문교부의 승인을 받은 다음 통위부(저자 : 국내경비부)에서 경상 비를 부담한다는 조건이 아니면 응할 수 없다."[9]

제2절 군산에서의 해양대학

1. 황인식 학장 임명과 거부 운동

군산으로 이전하고 채 한 달도 안되어 황인식이 1947년 6월 3일, 학장(조 선해양대학 초대학장)으로 임명되었다.[10] 황인식(1889-1965)은 공주출신 으로 평양 숭실학교를 졸업하고, 식민지 시대 불령선인으로 지목되어 영 명학교 교사 재직시 3.1만세운동과 공주 읍내 만세 시위를 주도했다. 그 뒤 미국으로 유학을 떠나 뉴욕의 콜럼비아대학 교육학과를 졸업했다.

귀국 후 영명학교 교사로 복직했고, 해방 후 9월 2일 미군정의 고문관 중 의 한 사람으로 선임되었으며, 11월에 초대 충남도지사로 임명되었다.

---

9 〈대중일보〉 1947. 5.16.
10 『한국해양대학교 50년사』, p.849.

1946년 6월 충남 도지사직을 사퇴하고[11] 영명학교 재건을 준비하던 중 국내경비부에 의해 조선해양대학의 초대학장으로 임명된 것이다. 미국에서 유학을 한 친미파인 황인식은 이승만 박사와 친분이 있는 사람으로 정치적으로 비중 있는 인물이 학교를 이끌어야 한다는 미군정의 정치적 의지가 반영된 것이라는 주장이 들렸다.[12]

학생들과 교수들은 누가 먼저랄 것도 없이 '해운과 기술교육에 문외한'이라는 이유로 신임학장의 취임에 반대하였다. 게다가 일부 학생들이 집단으로 학장 취임에 반발하여 등교거부 사태까지 벌어졌다. 이에 황인식의 학장 취임식은 7월 26일에야 정식으로 이루어졌다.[13] 그러나 재학생 대부분인 300여명이 취임식 참석을 거부하며 임시교사로 쓰고 있던 군산초등학교 2층 옥상으로 올라가 농성과 단식투쟁을 벌였다.

해양대학생 학장을 배척

조선해양대학에서는 동 대학생 300명이 지난 (7월) 28일 오전 10시를 기하여 동교 옥상에 농성하고 단식을 결행하며 황인식 학장의 사직을 요청하였다 한다.(〈동아일보〉, 1947.7.31, 2면)

---

11 그는 충남 도지사직 수행 중 수뢰사건으로 5월에 재판을 받고 있는 중이었는데, 신문기사에는 모두 '전 충남지사'로 표현하고 있는 것으로 미루어 1947년 4월이나 5월 초에 사직한 것으로 보인다. 황인식은 5월 17일 대전지방법원 1심에서 유죄를 선고받았고(〈조선일보〉, 1946. 5.19), 5월 20일 서울고등심리원에서 무죄판결을 받았다(〈동아일보〉, 1947. 6.7; 〈중앙신문〉, 1947. 6.6; 〈자유신문〉, 1947. 6.10).

12 최영, 추억 속의 해양대학, 『해양담론』 6호, p.186.

13 〈중앙신문〉, 1947.7.31.; 〈국제일보〉, 1947.7.31.

신문	보도일	기사제목
민주중보	1947.7.30	군산해양대학생 단식투쟁
부인신보	1947.7.30	해운계에 백지란 이유로 신 학장 취임 반대–군산해양대학 분쟁
동아일보	1947.7.30	해양대학생 학장을 배척
경향신문	1947.7.31	해양대학생들 학장 반대 단식
민중일보	1947.7.31	해양대학에 소요
국제일보	1947.7.31	인제 다 내 차지–전교 학생교수를 내쫓은 해양대학장
중앙신문	1947.7.31	해양대학장 배척–교수 사임, 학생 단식
부산신보	1947.7.31	전 학생에게 퇴학
부산신문	1947.7.31	전학생에 퇴학, 군산해양대학 분규
부인인보	1947.8.2	해양대학생들, 농성단식제3일

취임 직후 황인식은 취임식 참석을 거부한 300여명의 학생들을 퇴학에 처하는 동시에 반성문을 쓰고, 복교원을 낸 학생만 복학을 허용하겠다는 초강수를 두어 7월 28일 1시부터 300여명의 학생 전원이 단식농성에 들어 갔다.[14] 이에 동조한 교수 전원도 사직의사를 밝혔고, 학생들은 임시교사 인 군산국민학교 옥상에 올라가 단식투쟁에 돌입했다. 이에 무장 경비대 60여명이 동원되어 이들을 해산시키려고 시도하기도 했다.[15]

단식농성이라고는 했지만, 당시 해대생 전체가 각 여관과 하숙집에 배치 되어 숙식을 했기 때문에 일부 학생들은 하숙집에서 옥상으로 올려준 도 시락을 취식하기도 했다. 결국 전 교수의 사직과 전교생의 단식농성이라

---

14 〈경향신문〉, 1947.7.31.; 〈부산신보〉, 1947. 7.31.
15 〈국제일보〉, 1947.7.31.

는 초강수에 더 이상 강경대응을 하지 못한 채, 단식농성 이틀만인 7월 30일 군산체육회와 각 청년단체의 조정으로 '퇴학당한 학생은 복교원을 제출해 복학하고, 사직한 교수들도 전원 복직시키는 것을 조건으로 원만히 해결되었다.'[16]

해양대학 문제 원만 해결

[군산1일발 합동] 新 학장 취임 문제를 싸고 문제를 거듭하여 오던 군산해양대학은 군산 30일 군산체육회를 위시한 시내 각 청년단체의 조정으로 '퇴학당한 학생은 일단 복교원을 제출케하여 등교시킬 것, 신 학장 취임 전후에 사직한 교수들을 복직시키게 할 것 등의 제 조건 아래 원만히 해결되었다 한다.(〈동아일보〉, 1947.8.2.)[17]

2. 조선과 신설과 3기 입학

학내 문제가 진행되는 중에도 3기생 모집은 정상적으로 진행되었다. 3기생 모집공고는 1947년 7월 13일자 〈경향신문〉, 〈자유신문〉, 〈민주중보〉, 〈서울신문〉과 7월 15일자 〈한성신문〉, 7월 16일자 〈대구시보〉, 7월 28일자 〈제주신보〉, 7월 31일자 〈수산경제신문〉에 각각 게재되었는데, 항해과 40명, 기관과 40명, 조선과 20명을 모집하며 전문부 3년, 학부 3년 등 총 6년 수업연한으로 한다고 밝혔다. 원서를 7월 15일부터 8월 10일까지 접수하고, 8월 18일부터 5일간 국어, 수학(대수, 기하, 삼각), 물상, 영어 등 4과

---

16 〈동아일보〉, 1947.8.2.
17 〈국제일보〉, 1947.8.2.

목을 치르는 것으로 했다. 입학일은 10월 1일(수) 10시에 하는 것으로 공고되었다.

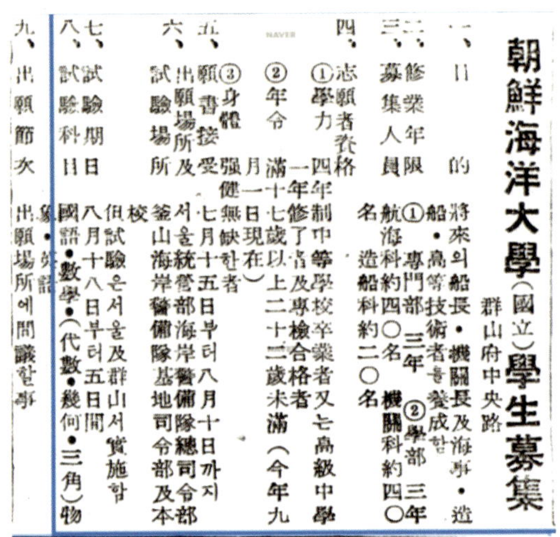

〈그림 17〉 3기 모집 공고

朝鮮海洋大學（國立）學生募集
群山府中央路

一、目的
將來의 船長·機關長及海事·造船·高等技術者를 養成함

二、修業年限
三年

三、募集人員
①專門部（三年）航海造船科約二○名 機關科約四○名
②學部（三年）機關科約四○

四、志願者資格
①學力 四年制中等學校卒業者又는高級中學修了者及專檢合格者
②年令 滿十四歲以上二十三歲未滿（今年九月現在한者）
③身體 強健無缺者

五、出願書接受
七月十五日부터八月十日까지

六、出願場所及試驗場所
서울統營部海岸警備隊總司令部及本部 釜山海岸警備隊基地司令部及本部

七、試驗期日
八月十八日부터五日間實施함 但試驗은 서울及群山서 實施함

八、試驗科目
國語·英語·數學(代數·幾何·三角)·物

九、出願節次
出願場所에 間議할事

자료: 〈경향신문〉, 1947.7.13

『한국해양대학교 50년사』(pp.96; 849)에는 3기 항해, 기관과의 입학일에 대해서는 언급되어 있지 않고, 조선과 20명을 추가 선발해 10월 1일에 입학한 것으로 기록되어 있다.[18] 하지만 3기 모집공고문에 따르면, 1947년 7월에 이미 항해과와 기관과 외에 조선과도 함께 선발하는 것으로 계획되어 있었다. 황인식은 중앙정부와 시에서 주는 사업비와 각종 보조금을 지원받고, 신축교사 공사 추진, 교훈, 해대가, 해양가, 응원가, 과실점수 규

---

[18] 현존하는 학적부상에는 항해과와 조선과 3기의 입학일이 모두 1947년 10월 1일로 기록되어 있으며(기관과는 별도 기록 확인하지 못함), 3기 조선과 고윤섭의 성적표상에는 입학일이 1947년 9월 1일로 명기되어 있다. 그러나 입시 일정을 고려하면 당초 공고한 대로 10월 1일(수)이 타당한 것으로 보인다.

정, 불침번 수칙 등을 만들어 학내 체계를 마련했다.

〈그림 18〉 3기 모집공고

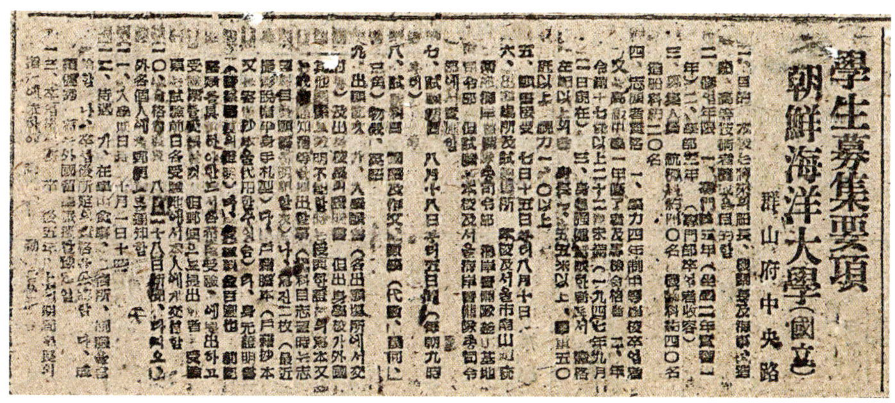

자료: 〈서울신문〉, 1947.7.13

한편, 황인식 학장은 해양대학의 학부형 총회를 만들었다. 1947년 11월 16일 황인식 학장은 학부형 창립총회를 만들고, 초대 이사장에 학부형 박봉서, 부이사장에는 서울 학생의 학부형인 정영기, 고문봉을 선임하고, 이사에 최병선, 임영순, 정영기, 오경달(공주 출신), 남궁열, 이지우, 김주성(이리 출신), 이영하, 윤영규(부산 출신), 감사에 장경환, 구장환(서울 출신) 간사에 박래진, 양현, 고문에 조선해양대학장, 군산시장, 해안경비대 군산 경비사령관 등을 선발해 학교운영지원회 규정을 만들었다.[19]

3. 국립조선해양대학으로 개칭

조선해양대학은 1948년에 '국립조선해양대학'으로 개칭되었다. 『한국해양대학교 50년사』(p.850)에 따르면, '조선해양대학'을 '국립조선해양대

---

19   최영, 추억 속의 해양대학, 『해양담론』 제6호, 2019.6, p.185.

학’으로 교명을 개칭한 날이 1948년 10월로 기술되어 있다. 4기생 모집공고는 〈군산신문〉 1948년 4월 22일, 5월 8일, 5월 12일, 5월 14일, 5월 22일(토)에 각각 게재되었는데, 원서접수를 5월 10일부터 6월 20일까지 받는 것으로 공고되었으며, 이때는 ‘조선해양대학’이란 기존 교명을 사용하고 있다.[20]

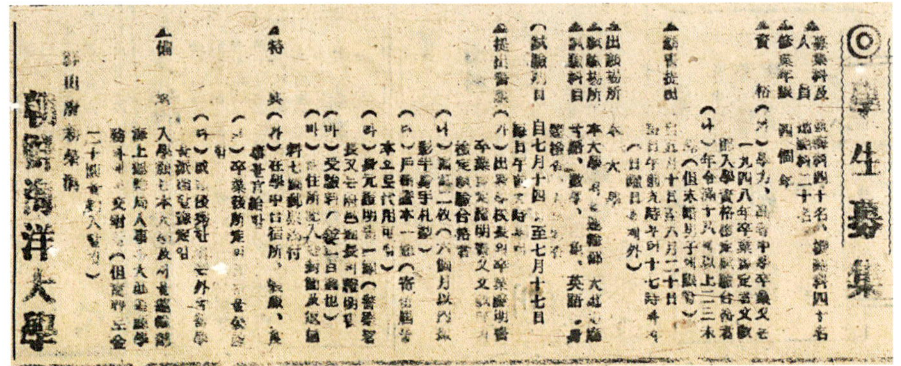

〈그림 19〉 4기생 모집 공고 및 조선해양대학 교명 사용

자료: 〈군산신문〉, 1948. 5.22

그런데 〈군산신문〉 1948년 6월 2일(수)과 11일(금) 자에는 ‘조선해양대학 입학자격실시요령’이 게재되었는데,[21] 국립조선해양대학이란 교명을 사용했다. 이를 통해 기존 조선해양대학 교명을 ‘국립조선해양대학’으로 개칭한 것은 1948년 6월 1일로 추정할 수 있다.[22]

---

20 〈군산신문〉, 1948.4.22; 5.8; 5.12; 5.14; 5.22.

21 〈군산신문〉, 1948.6.2.; 6.11.

22 4기 기관과 이상래 동문은 1948년 9월 1일 입학 당시 정문교명이 ‘국립조선해양대학’으로 되어 있었다고 증언했다.(2023. 6.12)

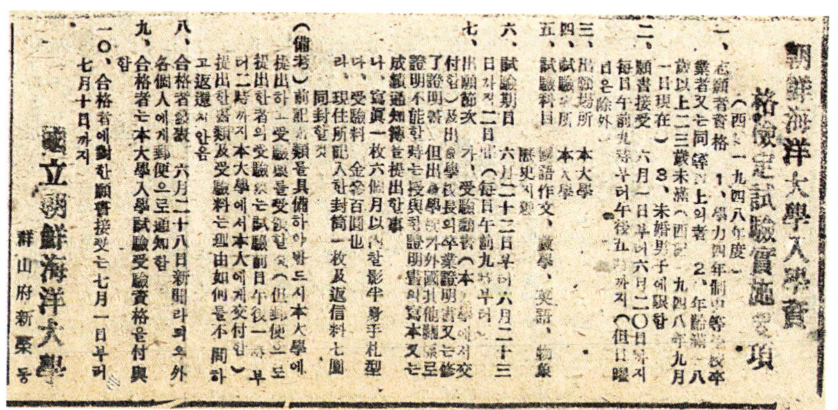

자료: 〈군산신문〉, 1948. 6. 2

이는 해방 후 사립대학 설립이 급증하게 되자, 이들과의 차별화해 조선
해양대학이 국립대학이라는 사실을 명백히 하기 위함이었다. 해방 이후
1950년 전쟁 직전까지 문교부 산하 우리나라 고등교육기관은 42개교로
종합대학 4개교, 단과대학 30개교, 대학학력 인정학교 8개교이다.[23] 이미
교명 변경 전인 1947년 7월에 공고된 3기생 모집공고에도 '조선해양대학
(국립)'이라고 ( ) 안에 부기함으로써 사립대학이 아닌 국립대학임을 분명
히 하고자 했다.[24]

4. 4기 입학과 신입생 특별훈련

4기생 항해·기관 각과 50명, 조선과 15명이 1948년 9월 1일(수)에 입학했
는데, 해양대학 최초로 신입생 특별훈련이 실시되었다. 훈련내용은 학생

---

23   이형행, 「해방후 고등교육정책의 흐름」, 『대학교육』, 1999.7-8, p.13.
24   〈민주중보〉 1947. 7.12; 〈대구시보〉, 1947. 7.16.

내규, 해대체조, 수기신호, 군사훈련 등으로 구성되었다. 거의 한달간 학과 수업을 전폐하고, 하루 종일 맹훈련으로 일관했다. 훈련은 3학년생인 2기생 분대장 6명이 주관했다. 당시 분대장의 권한이 막강하여 학생의 제적까지도 관여할 수 있었는데, 훈련 중 훈육과장 및 훈육관과 같은 사무실에서 근무했다.[25]

5. 교통부로의 관할부처 환원

1948년 7월 17일 정부조직법 제24조에 따라 같은 해 9월 7일부로, 교통부가 과도정부 운수부장(민희식)으로부터 행정권 일체를 인수했다. 이어 정부수립 후 11월 4일 대통령령 제26조로 교통부 직제가 공포되었는데, 과도정부시에 분리되었던 선박검사, 항공, 표지, 등록, 항만 각 업무가 교통부로 재통합되었다. 이에 따라 교통부에 비서실, 육운국, 해운국, 시설국, 공전국(工電局), 자재국이 설치되었고, 해운국에 서무과, 해정과(海政課), 업무과, 표지과를 두었다. 이 직제안에 따르면, 해기면허는 해정과 검사계가, 선원법과 선원단체는 해정과 등록계가 각각 관장하도록 되어 있었다.

1949년 2월 15일 법률 제20호에 따라 지방관서 설치법에 의해 지방해사관서로, 인천, 군산, 목포, 여수, 통영, 부산, 포항, 제주, 마산에 설치되고, 삼척에는 운수국이 설치되었다. 각 지방해사국에는 철도국, 해사국, 운수국이 설치되었다.[26] 이와 같은 정부조직법의 개편에 따라 해운 관할이 국방부에서 교통부로 이관됨에 따라 해양대학의 관장부서가 1949년 2월 15

---

25   김주년, 한국해양대학 연혁의 단면의 뒤안길, 『한국해양대학교 50년사』, p.72.
26   『현대 한국해운항만발전 40년사』, pp.303-304.

일 교통부로 환원되었다.[27] 이에 따라 일부에서는 해양대학을 부산으로 이전해 수산대학과 통합하는 방안이 논의되기도 했다.

군산서 해대 이전 반대 운동

"조선해양대학이 당지에 설치된 이래 일시는 교사와 기타 설비문제 등으로 난관에 봉착한 일도 있었으나, 그 후 제반문제가 해결됨에 따라 점차 그 기관이 견고하여 가고 있는데 동대학 관할이 군정당시의 통위부로부터 교통부에 이관된 후 이를 부산으로 이전키로 내정되었다는 정보가 있으므로 부 당국을 비롯한 부내 다수 유지가 궐기하여 이 대통령 이하 국무총리, 내무장관, 교통장관 등 여로 당국에 진정서를 제출하는 한편, 적극적인 저지 운동을 개시하고 있는데 앞으로의 귀추가 주목된다."(〈조선일보〉 1949. 1. 29)

"부산수산대학과 인문과대학은 …종합대학으로 새출발하게 되었다 한다. 그리고 문교부에서는 앞으로 군산 해양대학까지도 종합대학 내에 편입하리라고 하며…"(〈조선일보〉, 1949. 1. 29)

그러나 수산대학과 해양대학의 통합안은 수산계의 강한 반대에 부딪혔다. '정문기 수산대학장, 신홍우 수산업회 회장, 수산경제신문 주간, 국회 수산분과 황 의원 등이 2월 1일 국무총리를 만나 수산대학과 해양대학 합병안에 반대한다는 진정서를 제출했고, 2월 2일에는 문교, 상공, 기획 등 각 부

---

[27] 『한국해양대학교 50년사』, p.850.

처장관, 3일에는 내무장관에게 진정서를 제출하였다.[28]

6. 군산시의 해대 지원기금 모금 문제와 황인식 학장의 사임

군산시(당시 군산부)는 해양대학을 지원한다는 약속을 지키기 위해 유지
와 단체 등으로부터 기부금을 받고, 고무신과 비누, 간장 등에 해대지원기
부금을 덧붙여 판매해 지원금을 마련했다.

〈표 9〉 해대 기금 수지

수입부 (원)		지출부 (원)	
特志者 기부	2,527,200	교사 공사비	3,371,566
○○ 기부	1,526,340	교수생활보조와 이전	2,120,000
市場 기부	166,350	주택3동구입	450,000
○○ 기부	328,950	학장관사와 합숙소 수리	60,220
고무신 수입	750,000	교수와 학생숙박비	91,320
비누 수입	930,000	심원택 씨와 은행이자	269,686
간장 수입	19,430	유치이래 교수역원여비와 서기수속	335,085
차입금	880,000	접수비(개학축하와 교수역원 향연비)	389,868
계	7,088,270		7,087,845

자료 : 〈군산신문〉, 1948. 5. 14.

따라서 군산시민들 사이에서는 해대에 대한 불평불만이 나오기도 했다.
이에 황인식 학장은 〈군산신문〉 1948년 5월 14일자에 '고무신에 해대지
원금 명목의 기부금이 부가된 것과 지원 약속에 제대로 이루어지지 않은
것에 대한 유감 표명과 함께 학교예산을 공개했다.

---

28   〈수산경제신문〉, 1949.2.3.

그러나 여론에 떠밀린 황인식 학장은 1949년 2월 16일(수) 공개적으로 사의를 표명할 수밖에 없었다.[29] 이처럼 해양대학을 대학으로서의 면모와 기틀을 마련하는 데 공로가 컸던 황인식은 1949년 3월 4일(금), 사직했다. 황인식은 이임하면서도 군산시민들에게 "해대발전에 적극적으로 협조"해주기를 바랐다.

"조선해양대학 전 학장 황인식 씨는 사임 離群하게 된 바 往訪 기자에게 여좌히 말하였다. 취임 이래에 부내 유지를 비롯하여 부민의 절대한 원조가 있었음은 무한한 사의를 표하는 바이며, 이군함에 앞서 호별방문하여 인사드리지 못함은 양해하여 주시옵고 앞으로도 해대육성에 적극적인 원조가 있기를 요망하는 바이다."(〈군산신문〉, 1949. 3.15, 화)

7. 이시형의 학장 중임과 '국립해양대학'으로의 개칭

1949년 3월 5일(토) 이시형 교수가 학장에 재임명되었다.[30] 이시형 학장은 취임한 지 한 달여만인 1949년 4월 16일 5기생 모집공고안에 '국립해양대학'이란 교명을 사용했다.[31] 그러나 5기가 입학한 1949년 9월 5일 정문의 입학환영 아치에는 '국립조선해양대학'이란 교명을 사용했다.[32]『한국해양대학교 50년사』(p.851)에 따르면, 교명을 국립조선해양대학에서 국립해양대학으로 개칭한 날을 '1950년 1월 1일'로 기록하고 있다.

---

29 〈군산신문〉, 1949. 2. 16

30 "수일 전에 이시형이 후인학장에 임명되었다 한다."〈군산신문〉, 1949. 3. 11.

31 〈군산신문〉 1949. 4. 16; 4.30; 5. 7; 5.21; 〈연합신문〉, 1949. 4.27; 4. 30; 5.1; 5. 7; 5.21; 5. 28

32 기관과 5기 문재연 동문 증언(2023. 6. 15)

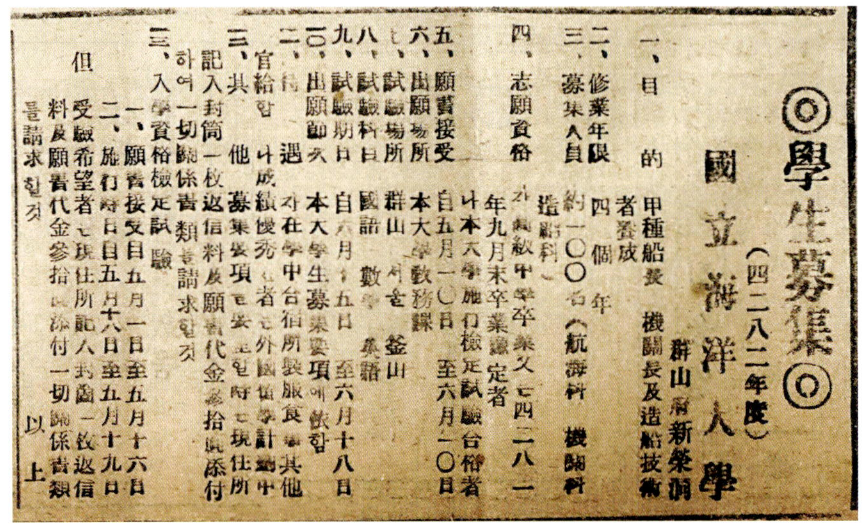

◎學生募集◎ （四二八二年度）

國立海洋大學　群山府新榮洞

一、目的　甲種船養　機關長及造船技術者養成
二、修業年限　四個年
三、募集人員　約一〇〇名（航海科　機關科　造船科）
四、志願資格　本大學施行檢定試驗合格者　本年九月末卒業豫定者　四二八一年九月末卒業豫定者
五、願書接受　自五月一〇日　至六月一〇日
六、出願費接受
七、試驗場所　群山　釜山　서울
八、試驗科目　國語　數學　英語
九、試驗期日　自六月一五日　至六月十八日
一〇、出願期日
二、官給　被服食計其他
一、志願者는在學中台宿所製服食計其他現住所添付
二、施行者는現任仕所記入封緘一切歸校返信料及願書代金參拾[圓]添付
但、入學資格檢定試驗合格書類를請求할것
受驗希望者는現任仕所記入封緘一切歸校返信料及願書代金參拾[圓]添付
料及願書代金參拾[圓]添付一切歸校返信書類를請求할것以上

자료: 〈군산신문〉, 1949. 4. 16

〈군산신문〉 1948년 12월 12일자에는 '국립조선해양대학 동계방학을 12월 12일부터 명년 2월 9일까지 시행한다'는 기사가 실려 있고, 〈한성일보〉 1949년 1월 29일자에도 '조선해양대학, 군산서 이전 반대'라는 기사가 실려 있다.

이상의 사실을 종합해 볼 때, 5기생 모집공고(1949.4.16.)에 국립해양대학이란 교명을 사용한 것은 정식교명 변경 이전에 북한이 1948년 9월 9일 '조선'이란 국호를 채택한 것을 고려한 임시적인 조치였을 개연성이 있다.

1950년 5월 2일 감찰위원회(감사원의 전신) 감사에서 고질적인 학교 운영 자금이 또 문제가 되어 이시형과 이재송이 강등되고, 김신봉 서무과장이 파면되었다.[33] 당시 감찰위원회의 감찰국장은 뒤에 대한해운공사 감사를 지낸 이화익이었다. 이화익 감찰국장과 유일한 여성 감찰위원이었던 김현숙 등이 학교 사정을 잘 이해하고 있어 여러 가지로 도와준 데다, 당시 김석관 교통부장관까지도 학교의 사정을 잘 이해하고 있어 이시형 학장과 이재송에게는 강직 처분만 내리고, 행정담당자에게 실질적인 책임을 물어 파면했다.[34]

제3절 학사 운영

1. 교사

군산으로 이주한 1947년 5월부터 1948년 1월까지는 군산국민학교 교실 몇 개를 빌려 사용하고, 학생들은 인근 민가에 2~3명씩 짝을 지어 하숙을 했다. 1948년 1월 20일에 신영동 3번지의 미곡창고를 개조한 식당과 교사가 완공되어 학생 전원이 입주함으로써 비로소 일과표에 따른 교육을 받을 수 있었다. 모두 900(?)여 평의 하나오까(花岡) 창고와 정미소 자리에 마련한 내무반 강당, 식당은 행정구역이 장미동이었고, 운동장, 교사는 신영동이었지만, 통상 군산 캠퍼스는 신영동 3번지라고 통칭했다.[35]

---

33   감찰위원회는 1950년 5월 2일부로, '공금횡령, 중유부정매각 등의 혐의로 이시형과 이재송을 강직처분하고, 서무과장 김신봉을 파면처분했다.'(《연합신문》, 1950. 5.10)

34   『해당 이시형과 한국해양대학』, p.127.

35   최영, 추억 속의 해양대학, 『해양담론』 제6호, p.187.

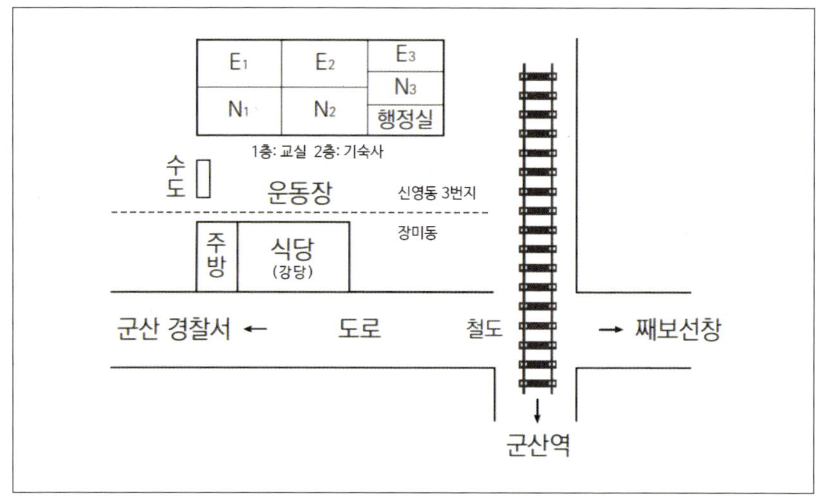

---

36   현재 주소지는 전북 군산시 신영동 3-13이다.

2. 교육의 정상화 : 교훈, 학훈, 학생내규 등 제정

300명 가까이 되는 학생들의 규율을 확립하기 위해 내무규칙이 제정되었다. 내무교칙 제정은 기관과 2기생 김주년이 큰 역할을 했다. 그는 미국과 한국의 해군사관학교의 내규를 참조해 학생내규를 초안했고, 1948년 9월 1일 교수회의의 의결로 제정되었다. 당시 제정된 교훈삼칙을 보면, 인격, 진리, 규율 등을 주제어로 삼았음을 알 수 있다.

교훈삼칙(1948.9.1.)

一. 바다를 무대로 삼는 우리는 건전한 용사로 참다운 인격자가 되자

一. 한치 광음을 앗기어 형설의 탑을 높이 세우자

一. 절대명령 아래에서 규율적 행동으로 우리의 생명을 삼자

내무규칙

三. 교실 내의 행동

    5. 교관이 교실에 들어오면 분대오장은 '그대로 차렷'의 구령을 내림. 분대오장은 '총원 ○명 사고○명과 이유'를 보고한 후 교관지시에 의하여 '쉬엇'의 구령을 함…

    8. 학생은 수강중 신체를 바르게 하고 양족(兩足)을 지상에 정치(整置)하고 의자의 사각을 지상에 접하게 하고 교관에게 주의를 집중함…

    13. 학생은 학과와 관계없는 소설잡지 기타를 실내에 휴대함을 부득(不得)함

七. 경례

    37. 학생이 교관과 교화(交話)시는 피차가 제복 부착(不着)을 불문하고

경례함…

39. 친구 외인에 대한 경례는 거수경례로 함. 상급자에 대하여서는 제복 착부착(着不着)을 불문하고 인식할 수 있으면 경례함. 실내복도 대합실 등에서는 상급자가 왕단하게끔 길을 비켜 '차렷' 자세를 취함…

42. 도서관 식당을 제외한 실내에 교관입실시는 먼저 교관을 발견한 자가 '차렷'의 구령을 하고 교관이 이실하거나 혹은 휴식의 지시가 있기 전에는 '쉬엇'함을 부득함.

43. 근무중에 있는 학생은 실내에서도 착모하고 경례도 전항과 동일함…

45. 작업중 상부의 소환 혹은 주의를 받을 때 이외는 경례를 약함. 실내에서 상급자가 통과할 시도 '차렷'할 필요가 없음.

46. 만일 필요에 의하여 교관을 추월할 시에는 교관과 평행시에 경례하고 '먼저 실례합니다'라고 양해를 구함.

48. 학생은 승선 하선시에는 입구에서 선기(船旗)에 향하여 경례함.

八. 해원 경례

50. 해원 예의는 경례를 바르게 하고 복정하는 데서 조성되었음. 이를 준수하는 데 진실한 해원이 양성됨…

56. 학생이 명령을 받을 때에는 '네 네'라고 대답하고 복창하고 퇴거함.

九. 상선사관다운 금도(襟度)와 행동

57. 학생은 장래 상선사관의 프라이드를 보지하기 위하여 금도와 보행에 특히 주의함을 요함.

58. 학생은 기립행로 혹은 착석 중을 불문하고 비상선사관적 태도와
　　 행동을 엄금함.

一二. 학생 식사

93. 학생은 식사정렬이 끝나면 질서있고 경(輕)한 보조로 식당 내 각자
　　 좌석에 전진하여 착석 후방에서 '착석'의 구령을 기다림

94. 식사는 당직주번의 '식사'라는 구령에 의하여 '먹겠습니다'라고 하
　　 고 식사를 시작함. 식사가 먼저 끝났다고 기립하지 못함. 당직주번
　　 에 '식사끝' 구령으로 '잘 먹었습니다'하고 해산함.

一三. 학생 침실

105. 외출시는 특히 정돈하여 임시 검사에 유감이 없도록 함.

114. 소등 후 허가 없이 기립함을 부득함.

교훈삼칙은 대학이 내세울 교훈이라 하기에는 다소 부족한 느낌이 있어
교내 공모를 한 결과 항해 1기생으로 교관으로 재직 중인 손태현의 안이
채택되었다. 이시형 학장이 학장으로 재임명된 날인 1949년 3월 5일 공식
적으로 확정되었다. '인격의 완성'을 1번에 둔 것은 이시형 학장의 '인격중
시' 교육관을 반영한 것이었고, 4번에 '바다에 매골'을 둔 것은 제안자인
손태현의 일화와 연관이 있었다. 1기생들이 입학해 자치회를 구성하고 회
의를 가졌을 때 안건에 대해 학생들간의 의견이 분출해 결정이 나지 않자
손태현이 '바다에 죽자'라고 외치자 잠잠해지며 바로 결정을 본 일이 있었
다고 한다. 그때부터 손태현의 별명이 '바다에 죽자'가 되었으며, 이것이
해대학훈 4번에 배치되게 되었다.

해대학훈(1949.3.5.)

우리의 이상은 인격의 완성

우리의 생활은 진리의 탐구

우리의 사명은 칠대양 제패

우리의 각오는 바다에 매골

우리의 학원은 명랑한 가정

3. 교수진과 교과 과정

군산 이전 후 학교가 안정화되고 3기와 4기 신입생이 입학하면서 재학생이 400여명에 이르자 교수진도 대폭 보강되었다. 당초 3년 교육기간으로 입학한 1기생이 1년 앞당겨 1948년에 졸업하자 항해과 허동식과 손태현, 기관과의 강경욱과 김광숙이 교수로 채용되었고, 교양교과의 교수진도 확충되었다. 이렇게 교수진이 확충되었음에도 불구하고, 학생 수에 비해 교수 수가 부족했기 때문에 한 교수가 하루 한 분대를 7시간 도맡아 수업을 해 담임선생이라는 애칭으로 부르기도 했다. 약간의 유인물을 제외하고는 교재라는 것은 일체 없었고, 교수가 불러주는 대로 받아적는 것이 수업의 전부였다. 이때 소관부처인 국내경비부에서 해군장교 1명과 보조원 1명이 파견되어 학생들에게 군사교육을 실시하기도 했다.

〈표 10〉 1950년 2월 현재 해양대학 교직원

직위	성명	담당교과
학 장	이시형	터빈, 보조기관
부학장	이재송	천문항해학, 측기학
교 수	송주영	경제학, 국제법, 해상범
	김용환	영어
	정인태	운용학, 충돌예방법, 기상학
	정해춘	왕복기관
	이범삼	평면삼각법, 구면삼각법, 수력학
	구중회	영어
	최춘호	미적분
	강신후	미분, 역학
	신재두	열역학, 화학
	유병철	기계구조학, 금속재료
	문진원	내연, 기계공작
	신상초	영어, 불어
	송용기	영어, 독어
	이재신	선박산법, 선박대의,제도, 선박강약학
조교수	노상순	설계, 재료역학
	이성복	전기공학, 해석기하
	손태현	운용학, 측기학
	허동식	항해학, 기상학
	강경욱	추진, 왕복기관
	김광숙	설계, 내연기관, 기관실습
	강남수	기관학
강 사	이항재	헌법
	정진종	재료역학
	권명우	선체설계
	이재희	해상법
	이기범	체육
	맹교민	무전, 통신
	백태진	중국어
무 관	이인석	군사훈련
무 관	전해만	

<표 11> 1기 항해과/기관과 교과 과정

항해과			기관과		
1945 학년도	1946학년도	1947학년도	1945 학년도	1946학년도	1947학년도
윤리 영어 고등수학 운용학 항해학 조선학 기관학개론 전기공학 수기신호 기업 체조 교련	영어 미적분 구면삼각 역학 운용학 항해학 측기학 재화법 기상학 조선학 해운경제학 수기신호 기업 체조 교련	영어 미적분 운용학 항해학 측기학 재화법 기상학 충돌방지법 조선학 선박위생 해사법규 해상법 국제법 기업 체조 교련	윤리 영어 고등수학 機罐 왕복동기 전기공학 조선학 항해학개론 기계공작 수기신호 체조 교련	영어 미적분 역학 열역학 機罐 왕복동기 증기타빈 보조기관 내연기관 전기공학 조선학 기계공작 설계제도 수기신호 체조 교련	영어 미적분 열역학 燃化 機罐 왕복동기 증기터빈 보조기관 추진기 내연기관 전기공학 설계제도 금속재료 선박위생 해사법규 해상법 체조 교련

*1학년은 1946년 1월에서 1947년 6월, 2학년은 1946년 3월부터 1948년 2월까지이나, 학적부의 1945년 학년도는 1학년 1학기, 1946학년도는 1학년 2학기, 1947학년도는 2학년 1학기 성적을 기재한 것으로 보인다. 승선실습은 2학년 2학기인 1947년 8월에 시작되었다.

<표 12> 2기 항해과 교과 과정

1946학년도	1947학년도	1948학년도	1949학년도
윤리 항해학 운용학 기관학개론 조선학 고등수학 영독 A 영독 B 영작 해사법규 교련 체조	논리 항해학 운용학 조선학 해사법규 교련 체조 측기학 재화법 충돌예방법 역학 선박위생 기상학 구면삼각 미적분 해상법 영어 상업 수기신호	항해학 측기학 재화법 충돌예방법 기상학 구면삼각 영어 국제법 전기공학	항해학 운용학 측기학 충돌예방법 기상학 국제법

<표 13> 2기 기관과 교과 과정

1946학년도	1947학년도	1948학년도	1949학년도
윤리	윤리	機罐	機罐
기관학	機罐	설계	설계
機罐	설계	전기공학	전기공학
설계	전기공학	왕복동기	왕복동기
전기공학	조선학	증기터빈	증기터빈
조선학	역학	내연기관	내연기관
고등수학	교련	열역학	주신본
역학	체조	영어	보조기관
엉독 A	왕복동기	보조기관	
영독 B	증기터빈	燃化	
영작	내연기관		
교련	추진론		
체조	금속재료		
	기계공작		
	열역학		
	미적분		
	영어		
	해사법규		
	선박위생		
	수기신호		
	해상법		

<표 14> 3기 항해과 교과과정

1947학년도	1948학년도	1949학년도	1950학년도
윤리	항해학	항해학	항해학
항해학	운용학	운용학	운용학
운용학	측기학	측기학	측기학
측기학	역학	역학	기상학
역학	미적분	영어	위생예방법
조선학	영어	교련	
해사법규	상업학	기상학	
미적분	체조	충돌예방법	
영작	기상학	구면삼각	
영어	충동예방법	전공	
상업학	구면삼각	화학	
수기신호	푸三	해상법	
체조	기하	국제법	
교련	전공		
	화학		
	해상법		

<표 15> 3기 기관과 교과과정

1947학년도	1948학년도	1949학년도	1950학년도
윤리	왕복동기	機罐	왕복동기
왕복동기	機罐	설계제도	機罐
機罐	설계제도	전기공학	전기공학
설계제도	전기공학	기계공작	추진론
전기공학	미적분	미적분	터빈
기계공작	역학	영어	내연기관
조선학	영어	교련	보기
미적분	체조	추진론	
역학	기하	열역학	
영어	구면삼각	화학	
材强	추진론	기계	
도학	금속재료	터빈	
수기신호	기구학	내연기관	
교련	열역학	미분방정식	
체조	화학	指壓	
영작	해상법	취급	
		보기	

<표 16> 3기 조선과 교과과정

1948학년도	1949학년도	1950학년도	1951학년도
미적분	영어	영어	선산
삼각	역학	역학	선구
기하	선산	선산	선작
영어	독어	독어	선강
역학	체조	체조	설계
船算	문화사	문화사	抵動論
도학	재력	재력	推旋論
독어	선구	선구	鋼規
체조	영작	영작	선법규
국어	선작	선작	조선전개
문화사	유력	유력	미방
材力	선강	선강	船艤
船構	역역	열력	
영작	금재	금재	
제도	기구	기구	
船作	기관학	기관학	
流力	微方	미방	
	설계	설계	
	미분학	미분학	

수업은 이렇다 할 교재가 없었기에 교수가 미국이나 일본 교재를 번역해 읽어주면 연필로 마분지에 받아 적는 게 고작이었다. 이것은 비단 해양대학만의 문제가 아니라, 우리나라 고등교육 전반의 현실이었다.[37]

학생 행사는 학생 주도로 이루어졌고, 숙박비를 군산시민들이 지원해 주었기 때문에 관비는 학생들에게 지급해 용돈에 쓰기도 했다. 학생의 일과는 짜여진 시간표에 의해 진행되었고, 학생조직도 분대장 제도로 바뀌어 각 분대장이 학생을 통솔케 했다. 1946년 12월 미군정 장교가 해양대학에 내교해 해사와 합병을 제안했을 당시 1기생 손태현이 2분대장으로서 그 자리에 참석했다고 회고한 사실로 미루어 1946-1947년 7월까지 1기생도 항해·기관 각각 2개 분대로 편성한 것으로 보인다.[38] 1947년 하반기에는 1기생들이 승선실습 중이어서 2학년이 최고학년이 되었다. 항해·기관 각각 100여명에 달하는 2기생은 각과 3개 분대로 구성해 항해과는 권순혁, 방창원, 조병국이 분대장을 맡았고, 기관과는 김주년, 박순석, 서재덕이 각각 맡았다. 각 분대장 중 한 명이 일주일씩 순번제도 당직사관으로 근무하면서 학생들의 기숙사 생활을 이끌었고, 동급생 중 부직사관을 두었고 하급생 중 당직사를 두어 보좌하도록 했다.[39] 기숙사와 수업은 각과 2개의 실로 나누어 실장을 두었는데, 2기 항해과에서는 신태범과 김수금이 맡았고, 기관과는 원기춘과 김흥두(?)가 맡았다고 한다.

---

37 최은순, 「한국의 초기 해기교육 모델의 수용과 변용의 역사」, 『역사와 경계』 119, 2021. 6, p.78.

38 1기 항해과 분대장은 허동식, 손태현, 기관과 분대장은 강경욱, 김용성이 각각 맡았던 것으로 보인다.

39 김주년 회고록, 『한국해양대학교 50년사』, p.71.

4. 승선 실습

1) 1기의 승선실습

1기생은 입학당시 전문학교 교육연한인 3년간 교육을 받는 것으로 예정되어 있었다. 그러나 1946-48년 사이에 미국으로부터 원조선박이 대거 도입됨에 따라 해기사 부족에 직면해 2학년 2학기에 단기 실습을 마치고 조기졸업하는 것으로 결정되었다. 미국은 한반도의 해상운송 상황을 완화시키기 위해 1946년 6월부터 48년 4월까지 볼틱형 선박 8척(평균 1,870 총톤), LST 12척(평균 2,700 총톤), FS 11척(평균 560 총톤), YMS 2척, USS Annet(3000총톤), 기타 14척 등 미국 대여선박(US Gratis Ships) 48척, 약 4만톤을 한반도 수역에 투입했다.[40]

<그림 24> 1기 원양항해 출항식(부산항 1부두, 1947. 10.11)

40 손태현(1997), 『한국해운사』, p.334.

1기의 승선실습을 위해 교통부는 부산해사부가 운항하던 부영선박 LST인 KBM 2호를 제공했다. 선장은 교통부 소속 이재송이 맡았고, 학장직에서 물러난 이시형이 지도교관으로 승선했다. 1947년 8월, 1기생 약 75명이 승선해 초기에는 연안항해 위주로 했다. 처녀항해 때는 부산에서 청죽을 싣고 여수까지 항해했다.

원양항해를 위해 상하이로 출항한 것은 1948년 10월 11일이었다.[41] 부산해사부의 선박감독관 성철득 등의 환송을 받으며 부산항 1부두에서 출항한 KBM 2호는 10월 17일 장강 하류 황푸(黃浦) 부두에 접안했다. 미군의 보고서에 의하면, KBM 2호의 주된 임무는 '공공보건복지부(department of public health and welfare)에 보내는 400 롱톤의 병원물품을 운송하는 것이었다.'[42] 환영식은 인성학교에서 열렸는데, 선우진 교장과 김홍일 장군 등이 환영사를 해주었다.

상하이항 입항

상하이항을 배경으로
(1947.10.17.)

이시형 학장(좌측 세번째)과
교수들

---

41   〈조선중앙일보〉, 1947.10.15.
42   『바다에 남긴 자취』, p.43.

자료: 항해1기 박현규 소장(1948.2.27)

2) 2기

2기는 진해해양대학 입학자, 인천해양대학 입학자, 통영상선학교 진학자 등 200여명 가까이 재학하고 있었다. 따라서 1기생과 같이 배 한 척에 승선해 실습을 할 수는 없었다. 3학년 2학기와 4학년 1학기로 나눠서 조선우선과 부영선박에 분승해 실습을 했다. 1948년 당시 실습을 할만한 상선으로는 김용주가 관리하는 조선우선과 교통부 관할의 부영선박 28척 뿐이었다.

〈표 17〉 1948년 9월 당시 원양 상선 보유현황

소속	선박
조선우선	김천, 일진, 천광, 이천, 앵도 등 5척
교통부	단양, 천안, 삼량진, 홍천, 문산, 동래, 안동, 조치원, 울산, 가평, 온양, 안성, 영등포, 원주, 옹진, 여주, 김해, 왜관, 충주, 제천, 평택, 이리, 유천 등 23척

자료 : 김재승, 「1945-1948년까지 우리나라 외항선의 현황」, 『해운물류연구』, 제40호, 2004. 3, p.187.

대륙그룹의 김수금(항해2기) 회장은 3학년 2학기인 1949년 3월부터 실습을 했고, KCTC의 신태범(항해2기) 회장은 4학년 1학기인 1949년 9월부터 실습을 했다. 3학년 2학기에 실습을 한 학생들은 6-7개월 가량 승선실습을 하고, 학교로 돌아와 1학기를 더 다녔다. 선박 1척당 2-4명 정도씩 짝을 지어 순차적으로 실습을 했다. 당시 우리나라의 항로는 일부 한일항로를 제외하면, 삼척에서 무연탄을 실어 연안항로로 운송하는 게 대부분이었다. 부영선박인 온양호에서 실습을 한 신태범은 항해과 동기인 최현구와 함께 실습 중 1949년 12월 동해상에서 조난선박을 구조하기도 했다.

조난 어선 1척과 선원

지난 (12월) 4일 동해안을 휩쓴 폭풍우로 오징어 출어 중의 군소 어선이 조난당한 참사가 발생하였다 함은 기 보한 바 거니와 이 조난어선 및 선원이 쏘련 선박에 구조되었다. 즉 지난 13일 부산 해사국 무전부에 드러온 무전에 의하면 쏘련선박(선명 불상, 5천톤)이 조난어선 1척 및 어부 16명을 구조하여 동선에서 보호 중이니 부산 외사국에서는 부산항 기점 30마일 해상으로 인수하러 오라는 내용이 있다 한다. 그리하여 동 해사국에서는 직원 1명을 ECA 선원과 함께 옹진 호로 급거 전기 해상에 동하여 동 하오 7시경 조난 선원들을 인수하여 가지고 부산에 귀환하였다 한다.(〈조선일보〉, 1949. 12.16)

당초 진해해양대학 2기로 입학한 2기생은 3년 연한으로 입학했고, 인천해양대학 1기로 입학한 학생들은 예과 2년, 본과 5년 등 총 7년 수학 연한으로 입학했다. 하지만 해기사의 부족으로 해양대학 2기는 3년 6개월만인

1950년 3월에 졸업했다. 2기생들은 진해고등상선학교에 지원해 진해해양대학 교명으로 입학해 인천해양대학에 합병되어 (국립)조선해양대학생으로서 본격적인 대학생활을 했고, 국립해양대학 졸업자가 되었다.

3) 3기

1948년 10월 1일[43]에 입학한 3기생 51명(조선과 15명 제외)은 4학년 승급을 앞둔 1950년 6월 16일 승선실습을 위해 부영선박 LST인 단양 호(선장 이재송)에 승선했다. 단양 호는 인천항에서 양하를 마치고 군산 앞바다에 이르렀을 때 '전쟁이 발발해 단양 호가 징발되었으나 군의 작전명령에 따라야 한다'며 '옹진반도의 철수병을 인천항까지 수송하라'는 지시를 받았다. 6월 26일 옹진반도에 도착해 철수병을 인천항에서 내려놓은 이재송 선장은 '연습선 운항체제를 해제하며 자유의사에 따라 귀향하거나 본선에 남아 있어도 좋다'는 취지의 말을 했다. 이에 따라 학생 몇 명은 부산으로 갔고, 일부는 귀향했지만, 다수의 학생은 단양 호에 남았다.[44]

단양 호에 내려진 두 번째 임무는 '부평의 육군창고의 군수물자를 군산으로 수송'하는 것이었다. 인민군의 인천 진입 하루 전날인 7월 3일에는 군인들과 갑문개폐원들마저 도망가 제물포항의 소형도크에는 단양 호와 해양대 실습생만 남게 되었다. 1950년 7월 4일 인민군이 인천을 점령하고, 무장한 인민군 병사들이 제물포항 도크 안벽에 모습을 나타냈다.

제물포항 도크 갑문은 이중구조였는데, 인민군이 남하한다는 소식에 개폐

---

43   3기 항해, 기관, 조선과의 학적부상 입학일은 1947년 10월 1일이다.
44   『해당 이시형과 한국해양대학』, p.132.

원들이 외측 갑문을 열어놓은 채로 도망가 버렸다. 그 바람에 해수가 유입되어 단양 호가 도크 내 선저에 얹힌 상태가 되어 버렸다. 이재송 선장은 발전기를 끄고 학생들에게 도크 안벽의 군수물자를 은신하도록 조치했다. 그리고 항해과 4학년 박재학이 인민군의 눈을 피해 갑문개폐실로 잠입해 수동장치를 작동해 갑문을 열었다. 만조가 되어 선체가 떠오르자 이재송 선장은 발전기를 재작동해 출항을 시도했다. 다행히 당시 안개가 짙게 끼어 있어 인민군들은 단양 호의 움직임을 전혀 포착하지 못하고 있었다. 기적이 울리자 육상에 내려와 있던 학생들이 모두 승선해 무사히 갑문을 빠져나올 수 있었다. 뒤늦게 이를 알아챈 인민군이 사격했으나, 피해자는 없었다.[45]

〈그림 27〉 단양 호

자료: 〈수산경제신문〉, 1949.4.30

---

[45] 『해당 이시형과 한국해양대학』, p.133.

그 뒤에도 단양 호는 7월 20일 목포에 비축 중인 정부미 8만 가마를 울산 호와 함께 부산으로 수송했다. 1951년 초 단양 호는 진남포 외해의 초도 산등성이에 약 3천명으로 추산되는 피난민들을 부산과 거제도로 수송하기도 했다.[46] 실습을 마친 3기생들은 1951년 8월에 졸업했다.

5. 학생자치활동

1947년 5월 군산에 자리 잡으면서 학사운영과 학생들의 자치 활동도 활발하게 이루어졌다. 연극부, 악대, 럭비부, 축구부, 문예부 등이 창립되어 동아리활동이 활성화되었다.

1) 연극부

<그림 28> 해대 연극 공연 기사

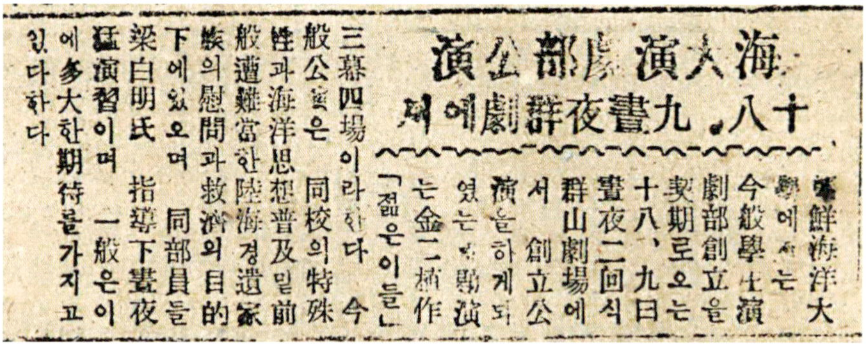

자료: 〈군산신문〉, 1947. 11. 15

군산으로 이전한 지 한 학기만인 1947년 11월 18(화)~19일(수), 주야 2일 동안 군산극장에서 해양대학 연극부 창립공연이 있었다. 김인식 작 〈젊은이들〉

---

46   『바다에 남긴 자취』, p.44.

3막 4장을 양백명 교수[47]의 지도로 공연했다. 진취적인 해양사상을 고취하는 내용인데 군산의 여고생들의 인기가 대단했다. 해양대학이 군산에 온 지 불과 6개월 만에 연극부를 만들고 공연을 할 수 있다는 사실은 놀라운 것이었다.

2) 악대

1기생들이 승선실습을 마치고 1948년 2월 27일 졸업식을 거행하게 되었다. 이를 축하하기 위해 해대악대가 창립되어 그 첫 행사로 제1회졸업식을 축하하게 된 것이다. 5월 22일에는 군산 이전 1주년 기념음악회가 해대 강당에서 열렸는데, 많은 여학생들이 관람했다.

〈그림 29〉 해대 악대 창립 기념 사진(1948.2.27.)

---

47   아랑극단의 대표를 역임하기도 했으며 배우 양택조의 부친.

1949년 6월 5일에는 이리여자중학교 강당에서 호남지방 중등학교 음악 경연대회 입상자인 이리여중, 군산여중, 전주공업 등이 출연하는 공연이 해양대학 주최로 열리기도 했다.[48]

연극, 음악회, 시낭송회 등 행사에 많은 군산의 여고생들이 관람했다. 해대생과 여고생이 월명공원 벚꽃 그늘에서 데이트 하는 모습이 자주 눈에 띄었다. 속이 부글부글 끓은 군산의 고교 어깨들이 집단으로 해대생들을 팼고, 형으로서 체면을 구긴 그들이 가만히 있지 않아 사회문제가 되기도 했다. 1948년 3월 17일자 〈군산신문〉을 보면 "조선해양대와 군산중(1951년 군산고로 개편) 학생 충돌 문제는 양교 책임자 간에 원만히 해결했다."란 기사의 배경이 바로 그것이었다.

3) 럭비부

1949년 3월에는 럭비부가 창립되었다. 럭비부는 1949년 5월 20일에 시작된 대한럭비축구회 주관 제4회 중등 및 대학럭비축구선수권대회에도 참가했다. 대학부에는 연대, 고대, 공대, 사대, 해양대 등 5개 팀이 참가했다. 5월 20일 첫날 경기에서는 연대와 공대가 0:0으로 비겼고, 사대가 고대를 15:3으로 이겼다.[49]

---

48   〈군산신문〉, 1949. 6. 5.
49   〈연합신문〉, 1949. 5. 22.

1949년 5월 5일 군산 이전 2주년(개교3주년) 행사에는 얼마 전에 창단한 럭비경기, 연극, 웅변, 음악회, 가장행렬 등을 호화롭게 펼쳐졌다. 〈연합신문〉 1949년 5월 22일자에는 대한럭비축구회 주관 럭비축구대회에서 '해양대학 대 연대'의 대진표가 게재되어 있으나, 결과에 대한 기사는 찾아볼 수 없다.

4) 축구부

축구부도 창립되었다. 1949년 7월 28일자 〈호남신문〉에는 '7월 3일부터 시작된 군산축구대회에서 해양대가 광주시출장팀을 1:0으로 이겼다'는 기사가 게재되었다. 그밖에 전주팀이 朝友를 5:1, 고대가 朝大를 3:1로 각각 이겼다.

김재근 지도교수(앞줄 우측)·홍세주 문지기(뒷줄 우측 세 번째)

5) 교지 창간

1950년 2월 28일 교지 〈바다〉가 창간되었다. 당시 학생회는 최고학년인 2기생 중심으로 짜여 졌는데, 항해과 박민균과 홍세주가 각각 학생회장과 부회장을 맡았고, 항해과의 신태범과 기관과의 전병식, 김흥두가 위원직을 맡았다. 문예부장은 항해과의 정형태가 맡았고, 편집위원으로는 항해과의 구완섭, 이재범, 염상만, 기관과의 윤승기, 이범배 등이 맡았다. 고문에는 1기생으로 교수로 재직 중인 항해과의 허동식과 손태현, 기관과의 강경욱과 김광숙이 담당하였다. 창간호에는 이시형 학장, 허정 교통부장관, 윤보선 상공부 장관 등의 축사 3편, 논문 26편, 문예작품 33편(수필 26편, 시 9편, 창작 3편) 등이 실렸다. 출판비는 해운관련기관과 회사에서 47만원을 찬조받고 재학생 전부 500원씩 갹출하고도 모자라자 편집위원 이재범 학생의 부모가 모조지 15연을 기부해 이를 충당했다.

1950년 5월 4일 군산 이전 3주년(개교4주년) 행사에는 연극, 음악회, 웅변대회, 가장행렬, 문학행사 등을 호화롭게 펼쳤다.

<그림 32> 군산 이전 3주년 기념(1950. 5.4)

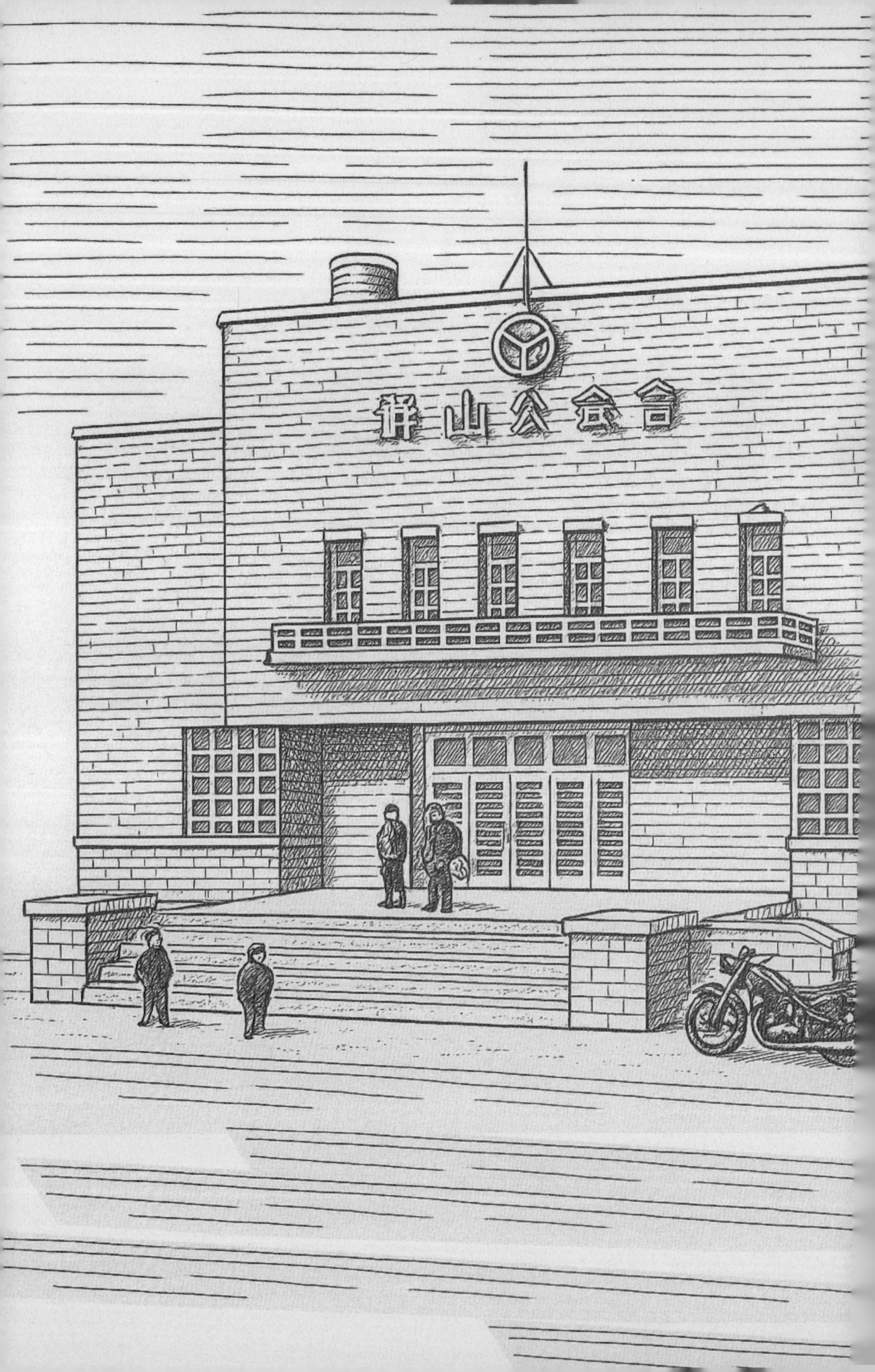

坪山公会堂

제6장

6·25동란기 해양대학

제1절 전쟁 중 해양대학

1. YMS 호 선상 캠퍼스

1950년 5월 2일 이시형 학장이 면직되고,[1] 1950년 5월 3일, 황부길 교통부 해운국장이 국립해양대학장직을 겸임하게 되었다.[2] 황부길 해운국장 겸 해양대학 학장은 대일 선박반환문제 협상을 위해 1년간 일본 출장 중이어서 학사업무는 부학장 이시형이 대행했다. 황부길은 1951년 8월 3일자로 해운 행정업무에 전념하기 위해 학장직을 사임했다. 따라서 전쟁 초기 해양대학의 실질적인 학장역은 전적으로 이시형 부학장이 하지 않으면 안 되었다.

1950년 6월 25일 북한 인민군이 남침하고 한 달도 채 안된 7월 19일 군산을 접수했다. 1950년 6월 28일 이미 휴교조치가 내려져 있었다. 당시 재학생 중 4학년인 3기생은 단양 호에 실습 중이었고, 학교에는 3학년인 4기생과 2학년인 5기생, 6월 1일에 입학한 1학년 6기생이 남아 있었다. 부학장으로서 실질적으로 학사를 책임지고 있던 이시형은 1950년 7월 17일 학교의 집기와 주요문서들을 실습선인 YMS(배수량 320톤)[3]에 싣고 목포로 가도록 지시했다. 당시 YMS 호는 선장 허동식(항해 1기), 기관장 남재술, 교관 강경욱(기관 1기), 강남수(기관 1기) 등이 승선해 있었다.

---

1 〈연합신문〉, 1950. 5.10
2 『한국해상대학교 50년사』(p.851)에는 5월 4일에 '황부길이 4대 학장으로 취임'이라고 직고 있으나, 이시형 학장의 면직일이 5월 2일이라는 〈연합신문〉의 기사를 고려하면 5월 3일이 맞는 것으로 보인다.
3 YMS호는 1947년 국내경비부 관할시절에 제공받은 연습선이었다.

이시형 부학장은 육로로 목포(7월 24일 점령당함)로 이동한 뒤, 거기서 YMS에 승선해 7월 24일 부산의 대한조선공사 부두에 계류했다. 이시형 부학장은 피난 온 학생과 교수들을 YMS 호에 수용해 학교의 명맥을 이어 갔다. YMS 호에 남아 있던 학생은 대략 90~100명이었는데, 실습 중인 3기생을 제외하고 4~6기생 재적인원의 1/3 수준에 불과했다. 이시형 부학장은 4학년으로 대한조선공사에 실습 중이던 조선과 14명에 대해 수시로 점검하고 졸업시험을 치르도록 조치해 제때에 졸업할 수 있게 했다. 연습선 YMS 호는 선상캠퍼스로서 해양대학의 구심점 역할을 하기에 충분했다.

8월 19일 이시형 부학장은 부산에 피난 중이던 학생 중 약 50명에 대해 해운대국민학교에 수용해 단체생활을 하도록 했다. 이들은 항해과 4기생 이득원을 통해 당국과의 연락을 취하도록 했다. 그러나 전황이 급박해짐에 따라 학생들의 군입대가 불가피해졌다. 이시형은 학생들의 장래와 안전을 고려해 해군에 입대하도록 했다. 1950년 9월 21일, 3기생 1명, 4기생 6명, 5기생 11명, 6기생 18명 등 36명이 해병대 신병훈련소를 거쳐 입대했으며, 이들은 모두 안전하게 1951년 8월 27일 제대해 복학했다.[4]

2. 군산으로의 복귀와 이시형의 학장 삼임

1950년 9월 28일 서울 수복과 함께 군산에서 인민군이 물러갔다. 그러나 불과 2개월 10일 동안 인민군 치하의 군산은 말 그대로 황폐화되어 있었다. 해양대학의 교사도 식당만 남고 흔적도 없이 사라졌다. 서울 수복 후

4　『해당 이시형과 한국해양대학』, p.131.

항해과 4기생 황보대선과 백원길 등이 서울 지역에 남아 있던 재학생들을 중심으로 군산과 호남지역의 학생들을 모아 자치생활을 하고 있었다. 1950년 10월 중순 군산으로 돌아온 해양대학은 교수와 학생 일부는 군산공회당[5]에 수용하고, 일부 학생은 하숙이나 자취를 하면서 식당에서 수업을 이어갔다. 그러나 1950년 10월 18일 중공군의 개입으로 전황이 악화되어 1951년 1월 4일 서울이 재함락되었다. 그러나 곧 유엔군의 반격으로 3월 18일 서울을 재탈환했다.

<그림 33> 군산공회당 모형

자료: 군산근대건축관 전시모형

전쟁 중이었음에도 불구하고, 학사 운영은 이어져 군산공회당 임시교사에서 3기 졸업(1951. 8.10), 7기 입학(1951. 10.1), 8기 입학(1952. 5), 4기

---

[5]　1934년 4월에 지어진 군산공회당은 강당과 사무실, 부속건물로 된 2층건물이었다.

졸업(1952.6.16.), 5기 졸업(1953.3.31.), 9기 입학(1953. 4.5) 등이 이루어
졌다.

6.25전쟁의 와중에 부학장으로서 군산, 목포, 부산 등으로 전전하면서
도 학교 운영을 멈추지 않았던 이시형은 1951년 8월 4일, 세 번째 학장에
임명되었다. 이시형은 1952년 3월 2일자로 조선과를 폐지하고, 다음 해
(1953.4.5) 항해과와 기관과 각각 50명을 60명으로 증원했다.

해양대학은 관비지원 학교로서 수업료와 기숙사비, 피복비 등을 무료로
지급받았으나 재정운용에 어려움이 있어 입학금을 받곤 했는데, 11기 입
학을 전후로 문제가 되었다. 입학금은 그 이전에도 징수했는데, 1951년에
입학한 9기의 경우 100만환이었다. 이는 당시 쌀 16가마니 반(2023년 기
준 약 330만원 상당)에 상당하는 금액이었다.[6]

"해양대학 입학금 문제 : 교통부로서는 3만 5천환[7] 이상은 징수하지 못하
도록 통첩을 냈는데, 그 후 수사당국 조사로 최고 10만환의 과징금을 받았
다고 하니 그 책임자는 조사 되는대로 파면 등 응분의 행정처분을 할 방침
이다…"(〈동아일보〉, 1953. 5.19)

---

[6]　전효중, 『잊어버리고 남은 것들』, 하석 전효중 교수님 미수연및회고록출판기념회준비위원
회, 2019, p.36.

[7]　1953년 6월 초 쌀 8kg(소두 한 말)에 520환이었던 것(〈조선일보, 1953. 6.2)을 고려하면 3만
5천환은 쌀 538kg을 살 수 있는 큰 돈이었다. 현재 쌀 8kg이 3만원 내외하는 것을 감안하면,
해대 입학금 3만 5천원은 현재 가치로 대략 200만원이 넘는 금액이다.

제2절 전후의 상처

1. 해양구락부의 비극

해양대 3기는 총 6천500명이 지원해 항해, 기관, 조선과 신입생 105명과 보결생 13명 등 총 118명이 입학했다.[8] 군산 교사로 이전한 1947년 최고학년이 된 2기생들은 하숙을 하고, 1학년인 3기생들만 기숙사 생활을 했다. 3기생들은 해양대학이 군산에 자리잡은 뒤 첫 입학생으로서 국내경비부 관할하에서 군사훈련을 받는 등 상선사관으로서의 자의식이 뚜렷했다.

이들 3기생 중에서 해양구락부가 결성되었는데, 핵심은 기관과 정현이었다. 3기생 사이에서 주부식비가 옆으로 샌다는 소문이 돌았다. 의협심이 강했던 해양구락부를 중심으로 학교 운영에 대한 비판이 나왔다. 그러던 차에 1947년 어느 체육시간 중 전주헌병대(헌병대장 조흥만)가 들이 닥쳐 해양구락부로 지목된 30여명을 연행해 혹독한 심문과 전기고문까지 가했지만, 이렇다 할 혐의를 찾지 못해 모두 훈방되었다.

1950년 4학년이 된 3기생들은 6.25전쟁 직전 승선실습을 위해 단양 호에 승선했다. 승선한 지 불과 한 달이 채 못되어 전쟁이 발발하자 3기생 실습생 중 일부가 우여곡절 끝에 부산에 도착해 중앙동에 위치한 광풍각에 기숙하고 있었다. 광풍각은 식민기 때 요정으로 사용되던 2층 건물이었는데, 대한해운공사가 접수해 직원 숙소로 사용하고 있었기에 해양대생이 사용할 수 있었다. 당시 광풍각에는 3기생 실습생 항해과 김세준(서울)과 임화

돈(전북), 기관과 김기운(함경도), 김병기(전북), 박광신(함경도), 이명호(함
경도), 진영노(함경도), 한서린(함경도), 조선과 양재홍(충남) 등 30여명이
기숙하고 있었다.

6.25전쟁의 전황이 급격히 악화되던 1950년 여름 어느 날 밤 군 기관원들
[9]이 광풍각에 들이닥쳐 해양구락부로 지목된 위의 3기생 9명과 4기생 1
명 등 10명을 연행해 갔다. 항해과 황호채도 호명되었으나, 당일 외박을
해 현장에 없어 연행되지 않았다. 한서린의 아버지는 해군CIC대장이었는
데, 연행된 사실을 아버지에게 연락하지 못했다. 동기생 중 항해과 박재학
이 한서린의 부친의 사무실을 함께 들르곤 했기에 한서린이 연행된 사실
을 그의 부친에게 연락만 했다면, 한서린은 물론 연행자 모두 풀려났을 지
도 모른다. 연행된 10명 가운데 조선과 양재홍은 친척 국회의원의 도움으
로 풀려나왔다. 그러나 해양구락부 9명은 아무런 재판도 없이 가덕도 근처
로 끌려가 즉결처분되었다.

해양구락부의 비극이 어떻게 해서 발생했는지 아무도 모른다. 1학년 때 해
양구락부가 빨갱이들이라고 밀고를 당해 전주헌병대에 끌려가 심문을 받
았으나 모두 무혐의로 석방된 적이 있었다. 부산에서도 누군가가 밀고를
했을 수도 있고, 전주헌병대장으로 있을 때 해양구락부를 연행해 조사한
적이 있던 조홍만 부산선박헌병대장이 간여되었을 개연성도 있다. 전해져
오는 말로는 평안도와 함경도 간의 지역감정의 불똥이 해양구락부로 튄
것이라고 한다. 그런데 해양구락부의 핵심인물이었던 정 현은 단양 호 실

---

9   기관원의 정체는 미상이지만, 전주헌병대장으로 있던 조홍만 소령이 1950년 3월 부산선박헌
병대장으로 취임했다는 신문기사(〈자유신문〉, 1950. 3.16)를 보면, 이들과 연계되어 있을 개
연성이 있다.

습 중 군산에서 하선해 그 후 종적이 묘연해졌다. 그의 형 정 종은 국내에서 대학교수를 지냈고, 동생 정 민은 미국에서 대학교수를 지냈다. 그의 동생 정 민을 통해 확인된 바로는 정 현은 북한의 개성에 교원으로 근무했다고 한다.[10]

2. 보결생 문제

보결생은 입학생 중 일부 자퇴 및 퇴교당한 학생 수만큼 충원해 입학시킨 학생으로, 예산 부족에 허덕이던 전국의 교육기관에서 1950년대에서 1960년대 초까지 활용하던 제도였다. 해양대학의 경우는 1952년 4월 30일자 〈동아일보〉에 관련 기사가 게재됨으로써 사회적으로 알려지게 되었다.

"군산에 있는 해양대학에서 보결생을 입학시켜 준다는 조건으로 1천만원의 기부를 학부형에게 요청한 사실이 있다 한다. 즉 지난 (4월) 28일 체신부 당국으로부터 문교부 당국에 들어온 보고에 의하면, 해양대학 S 교수는 보결희망 입학생의 교섭자인 해운공사에 근무하는 용수복 씨에게 '학장과 교무주임과의 결정을 보았으니 시급히 1천만원을 지참하라. 그리고 이와 같은 조건 하에 입학을 지원하는 학생이 4~5명이 되니 속히 수속하라'는 요지의 편지를 보내는 것을 체신부에서 우편물 검사시에 발각된 것이라고 한다. 그런데 동 대학은 교통부의 소속인만큼 동 서류는 문교부로부터 교통부에 이첩되었다 한다. 그런데 교통부 관리국 인사과장은 28일 동 문제에 언급하여 다음과 같이 말하였다. 해양대학은 교통부 예산으로 경영하는 관비학교로서 식사, 교복, 수업료 등은 전부 무료로서 기부행위가 금지

---

10   김종길, 『되돌아 본 해운계의 사실들』, 동재, 2006, pp.241-248.

되었음에도 불구하고 1천만원이나 요구한 일은 도저히 묵과할 수 없는 사실로서 철저히 조사할 작정이다.”

보결생 문제는 비단 한국해양대학만의 문제가 아니라 초중등학교와 대학 등 교육계 전반에 만연한 문제였다.[11] 1956년에 입학한 8기생의 경우, 관립학교의 특성상 정부 등 권력기관의 추천으로 입학한 보결생과 엄한 학내 규율로 발생한 낙제생 등이 추가되어 학년 정원 120명[12]에 30여명이 추가되어 150여명이 입학했다.[13]

보결생은 1960년 윤상송 학장이 취임할 때까지 지속되었다. 윤상송은 한국해양대학 교수회가 신성모 학장의 급서로 공석이 된 한국해양대학 학장 취임을 요청해 오자, 그 취임 조건 중 하나로 ‘보결생 입학을 허용하지 않을 것이니 동창회가 이에 적극 협조’할 것을 요구한 바 있었다.[14] 보결생은 1960년 대 초반부터 차츰 사라지는 추세에 있었다.

<hr>

11   〈경향신문〉, 1952. 4.26; 〈조선일보〉, 1953. 5.2. ; 〈조선일보〉, 2053. 5.14.
12   한국해양대학 입학 정원은 1953년부터 항해, 기관 각각 60명으로 증원되었다.
13   『보양만어기』, 한국해사문제연구소, 2022, p.36.
14   윤상송, 『바다에 미래를 걸다』, p.200.

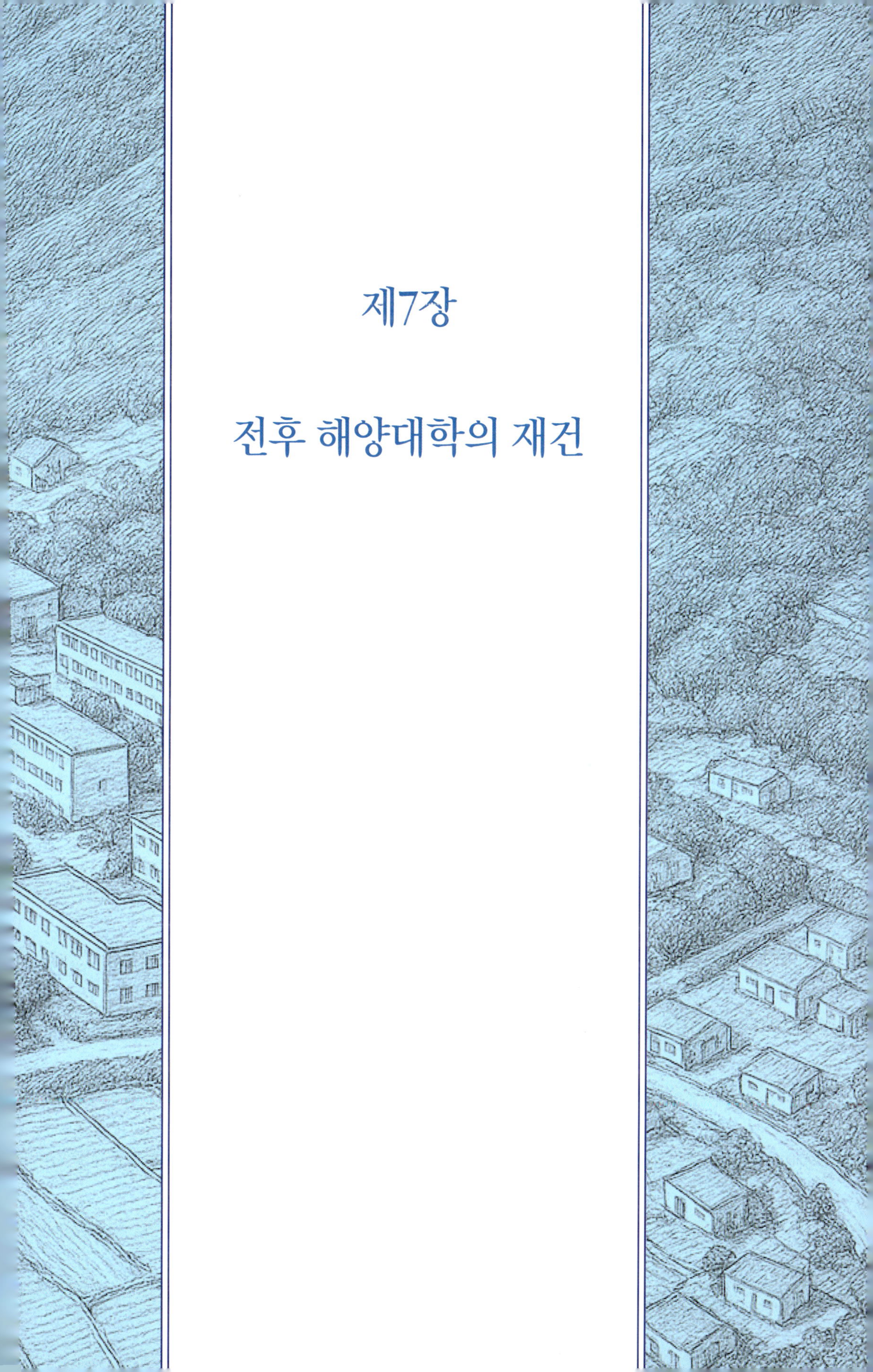

제7장

전후 해양대학의 재건

제1절 UNKRA와 해양대학

1. UNKRA의 해양대학 신축 지원

1953년 1월 19일 낙동강 하류인 부산 다대포 앞바다에서 280명의 생명을 앗아간 부산-여수 간 여객선 창경 호의 침몰사건이 발생했다. 이 참사가 있은 지 6일 만인 1953년 1월 25일 조선미창 군산지점 여객선 행운환이 강경 - 군산 간 운행 중 충남 서천군 화양면 와초리(지새울) 금강 하류에서 침몰해 66명이 익사한 사건이 터졌다. 이 사건으로 언론의 집중공격을 받으면서 국회는 진상 조사단을 만들어 당국의 책임을 추궁했다. 황부길은 이 사건의 모든 책임을 지고 1953년 6월 30일자로 7년 4개월간 역임했던 해운국장 직에서 물러났다.

1953년 7월 15일자로 황부길은 두 번째 해양대학 학장에 임명되고, 이시형은 다시 부학장으로 내려앉았다. 1953년 7월 17일 휴전이 되었다. 전쟁 말 해양대학의 최대현안은 전쟁으로 소실된 (군산) 해양대학 교사를 재건하는 일이었다. 전쟁 중이던 1952년 경 대한해운공사 부산 해무과에 근무 중이던 항해과 2기생 장길상이 우연한 기회에 UNKRA에 파견 근무 중이던 UNCACK(UN Civil Assistance Command of Korea)[1] 소속의 스캔린 (Scanline) 선장을 만나게 되었다. 장길상은 '우리나라에도 Kings Point와 같은 Merchant Marine Academy가 있는데, 전쟁으로 교사가 파괴되었으

---

[1] 1950년 10월 7일, 민간원조사령부(CAC)가 창설되어 긴급구호원조를 실시했고, 1950년 12월 1일 UN 총회에서 UNKRA 설치가 의결되어, 1950년 12월 8일 민간원조사령부(CAC)가 UNCACK로 개칭되었다. 박송호, 국제연합한국재건단의 교육기술원조 연구, 성균관대학교 사학과 석사학위논문, 2022.2, pp.6-7.

니 이를 재건할 수 있게 도와달라'고 부탁했다. 스캔린 선장이 CAC의 해운담당관으로 일하고 있을 때 황부길 해운국장과도 이미 교류를 하고 있던 터였다. 스캔린 선장은 UNCACK의 해운담당관으로 근무 중 1951년 7월 UNKRA 한국사무소가 개소되면서 파견인력으로 UNKRA에 근무 중이었다.[2] UNCACK는 1953년 7월 KCAC로 개편되었다가 1955년 해체되었다.[3]

1950년 12월 1일 UN의 결의로 설립된 국제연합한국재건단(UNKRA, UN Korea Reconstruction Agency)은 1951년 7월 한국사무소 개소를 시작으로 한국재건사업에 착수했다. 1952년 6월 UN군 사령부와 UNKRA 간에 '전시 상황에서는 유엔사령부가, 종전 후에는 운크라가 원조 제공 결정권을 지닌다'는 내용의 협정을 체결했다.[4] UNKRA는 1952년 9월부터 한국의 교육상황에 대한 조사에 착수해 1953년 2월 5개년 프로그램 권고안을 담은 최종보고서를 제출했다.

이와 별도로 Nathan Associates에 한국의 경제재건에 관한 연구사업을 의뢰했다. Nathan Associates는 1952년 12월 15일 〈한국의 경제재건에 대한 예비보고서〉를 제출했다.[5] 위의 두 보고서를 바탕으로 UNKRA는 유엔사, 한국정부 등과 협의를 통해 재건단의 목표를 민간구호나 군수조달이 아닌 분야에서 주로 시설원조를 진행하며, 인플레이션을 방지하기 위해

---

[2] 〈민주신보〉, 1951. 7.5

[3] 임다은, 유엔한국재건단의 조직과 활동, 서울대학교대학원 국사학과 석사학위논문, 2019.8, p.27.

[4] 박송호, 국제연합한국재건단의 교육기술원조 연구, p.9.

[5] 임다은, 유엔한국재건단의 조직과 활동, pp.14-15.

재건사업으로 지출된 비용을 상쇄할 수 있는 만큼의 소비재를 판매한다는 방침을 정했다.[6]

UNKRA의 교육원조에서 가장 큰 비중을 차지하는 것은 바로 학교 건물의 재건 및 신설이었다. 이 활동들은 주로 1952년에 시행되었는데, 'Building Season'이라고 불릴 정도로 학교 건설에 집중되었다. 학교 건립은 초등학교-중등학교-대학교-사범학교 순으로 건설에 투자했다. 이를 위해서 학교 건립에만 440만 달러가 투입되었다. 또한 UNKRA는 학교 시설 뿐 아니라 도서관과 연구실도 증설했다. 그리고 학교에서 사용할 교재와 이를 만드는 데 쓰이는 종이, 필기구를 만들 공장에도 비용을 투자했다.[7]

1953년 2월 15일부터 6월 30일까지 7천만 달러의 UNKRA 부흥사업이 시작되었다. 해당 사업에는 재건과 복구를 위한 8가지 영역이 제시되었는데, 이 중 교육은 2번째로 높은 비중을 차지하고 있었다. 교육에 총 800만 달러에 해당하는 금액이 할당되었다. UNKRA는 서울대, 충북대, 충남대, 경북대, 한국기독대(현 한남대), 고려대, 이화여대, 부산대, 해양대 총 9개의 대학을 선정해 지침서와 장비를 도입하고 연구소를 설립했다.

대학에 대한 원조 중에서 가시적인 성과를 나타낸 업적은 한국해양대학의 이전이다. 한국해양대학에 대한 UNKRA의 교육원조는 교육시설원조와 교육기술원조가 함께 이루어졌다.[8] UNKRA의 해양대학 이전 재건사업은

---

6   임다은, 유엔한국재건단의 조직과 활동, p.16.

7   박송호, 국제연합한국재건단의 교육기술원조 연구, p.13.

8   박송호, 국제연합한국재건단의 교육기술원조 연구, pp.14-15; 36; 〈동아일보〉 1953. 2. 3.; 〈조선일보〉, 1953. 1.16

1952년 중에 황부길 해운국장과 스캔린 선장간의 협의를 통해 가닥이 잡혀 1953년 정식사업에 포함될 수 있었다. 한국해양대학의 이전 재건사업에는 UNKRA 예산 35만 달러와 정부 예산 1억 5천만 환[9]이 각각 투입되었다.[10]

<그림 34> UNKRA 조직

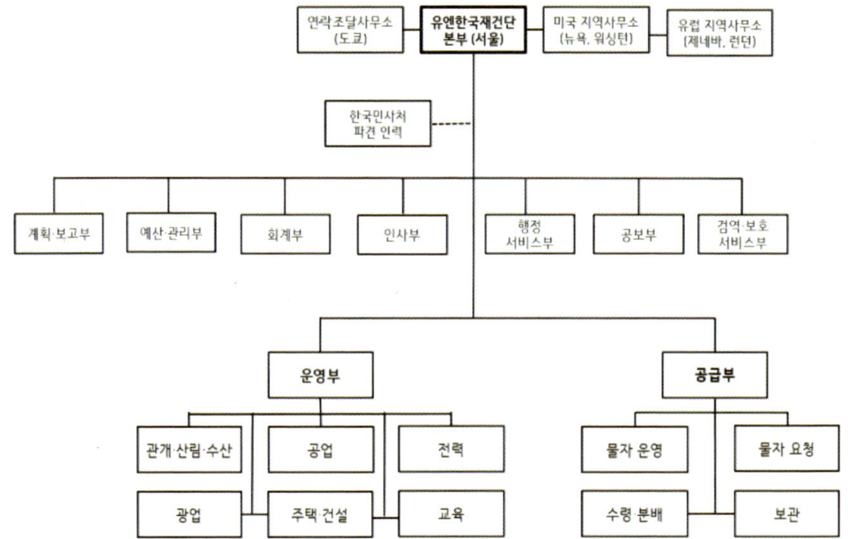

자료 : 임다은, 유엔한국재건단의 조직과 활동, p.35

---

9 『한국해양대학교 50년사』(p.99)와 『해당 이시형과 한국해양대학』(p.144)에는 '정부자금 11억 5천만원'으로 기록하고 있다. 그러나 황부길은 회고담에서 '교통부 예산 1억 5천만 원(환)을 얻었다'고 적고 있다(『한국해양대학교 50년사』, p.110). 1953년 2월 17일부로 100원 = 1환으로 치환하는 화폐개혁을 단행했다.

10 〈조선일보〉, 1955. 11. 27.

단위: 천 달러 (비중: %)

		지출계획	지출액	실행률 (%)
재건과 부흥	농업·임업·어업	23,810 (10.5)	8,131 (5.6)	34.15
	공업	34,217 (15.1)	27,078 (18.5)	79.14
	광업	17,760 (7.8)	12,800 (8.8)	72.07
	전력	22,631 (10.0)	3,374 (2.3)	14.91
	교통·통신	6,900 (3.0)	5,380 (3.7)	77.98
	주택	8,500 (3.7)	4,987 (3.4)	58.67
	교육	12,490 (5.5)	9,602 (6.6)	76.88
	보건·위생·후생	11,700 (5.2)	10,207 (7.0)	87.24
	합산	138,008 (60.7)	81,558 (55.7)	59.10
필수물자 도입		62,191 (27.4)	36,758 (25.1)	59.11
특별 프로젝트		13,601 (5.3)	8,686 (5.9)	63.86
운영비용		12,543 (3.9)	11,030 (7.5)	87.93
행정비용		8,417 (2.7)	8,304 (5.7)	98.66
합계		234,760 (100)	146,336 (100)	62.33

자료 : 임다은, 유엔한국재건단의 조직과 활동, p.48.

2. 부산 거제리 임시교사로의 이전

UNKRA의 해양대학 신축사업이 확정되자 신축교사를 어디에 건축할 것이냐는 문제를 두고 여러 차례 교수회의가 개최되었다. 교수들의 중론은 군산에 건립하기 보다는 최대 상항인 부산에 건립하는 것이 좋겠다는 것이었다. 학생들 대부분도 부산 이전에 찬성했다. 그렇다면 구체적인 입지를 어디로 할 것인가 하는 문제가 남았다. 1952년 말부터 1953년 여름까지는 교통부의 추천에 따라 신선대에 신교사를 건설하는 것으로 추진되어 1953년 9월 20일에 신교사에서 개강하는 것으로 계획되었다.[11] 그러나 국방부와 보건사회부가 난색을 표했다. 신선대 인근은 국방부 관할 지역이

---

11   〈경향신문〉, 1952. 11.15; 〈동아일보〉, 1953. 9.1; 〈경향신문〉, 1953. 9.2.

었고, 피난민들이 집단으로 거주하는 곳이어서 그들을 내보내고 임시 가옥을 헐어내야 하는 문제가 있었기 때문이다.

신축교사 입지 문제로 설왕설래 하는 동안에 1953년 7월 황부길이 학장에 취임하고, 이시형이 부학장으로 내려 앉았다. 일단 부산에 입지하기로 한 이상 더 이상 군산에 머물 필요가 없었기에 해양대학은 교통부의 주선으로 전쟁 중 교통고등학교가 임시교사로 사용하던 부산 거제리의 천막가교사[12]로 이전하기로 했다. 선발대로 이시형 부학장, 김주년 교수, 이영철 관리과주임, 홍주문 취사계장, 취사계원 1명이 파견되어 천막교사의 정비, 교수들의 주택 준비 등을 했고, 4학년인 6기생이 경비 업무를 담당했다. 교수와 재학생 전체가 부산 거제리 임시교사로 이전해 개학한 것은 1953년 10월 5일이었다.

군산을 떠나기 전 이시형 부학장은 해양대학의 운영을 지원해 준 군산시의 박봉섭, 김범초 등 전 시장, 김가전, 이요한 전 전라북도 지사, 경성고무의 이만수 사장, 김판술 의장과 변광호 의원 등을 찾아가 감사의 뜻을 전했다. 6~9기생들은 천막 가교사 주변에 방을 빌려 생활하면서 아침 7시에 학교 식당에서 식사를 하고 하루 수업을 받고, 저녁식사를 하고 각자 숙소로 되돌아 갔다. 저녁 7시 이후에는 숙사 밖으로의 출입을 엄격히 통제했고, 외출하려면 사전 승인을 받아야 했다. 이 시기는 종전 후 어수선한 시기였기 때문에 학생들도 자발적으로 규율을 엄수해 면학에 열중했다.[13] 수업과 식사는 임시교사에서 하고, 잠은 철도관사와 주변 민가에서 방을 얻어 생활했다.

---

12   부산시 연제구 거제동 664번지.

13   『한국해양대학교 50년사』, pp.99-104.

황부길 학장과 이시형 부학장 등이 부산의 각처를 둘러 보았으나, 마땅한 장소를 찾을 수 없었다. 그러던 차에 1953년 말 해양대학 후원회장을 맡고 있던 이영언이 영도의 중리 일대의 부지를 주선해 주었다. 그때 도쿄에 있던 일본선탁통제관리위원회(SCAJAP, Shipping Control Administration Japan)의 톰슨(Thompson) 소령이 방한해 현지를 확인한 뒤 동삼동 부지를 신축교사 터로 최종 확정했다.[14] 영도번영회에서도 해양대학 유치를 위해 부지 구입 예산과 진입로를 제공하기로 했으나, 자금조달이 여의치 않아 결국 교통부 예산으로 매입했다.

1954년 1월 16일 UNKRA의 건축기술자와 교통부 간에 세목에 대한 구체적인 합의를 마치고, 동삼동 중리 3만평의 부지도 매입했다.[15] 부지매입은 완료되었으나 신축부지로 들어가는 진입로가 없었기 때문에 도로개설을 위해 학생들이 동원되었다. 거제리 가교사에서 수업을 마친 1~3학년 재학생(8~10기생)들이 매일 교대로 영도로 와 하루 6시간씩 막노동에 동원되어 진입도로 1700여미터가 완공되었다. 부지매입과 진입로가 완성되자, UNKRA에서는 건축기사 K.B. Pilgard, 교육자문관(Acting advisor of division of education) M.L. Abeille 여사, 상근고문 Alexander Roth 선장 등을 파견했고, 교통부에서도 건설사무소장과 건축계장 등을 파견했다.

---

14 『해당 이시형과 한국해양대학』, pp.145-146.
15 〈경향신문〉, 1954. 1.19.

(이승만 대통령과 John B. Coulter 단장)

교사 건축 낙찰은 1954년 7월 28일 마무리되어[16] 8월에 교사, 기숙사, 연구실, 도서관 등의 건물신축공사가 착공되었다. 해양대학 중리 교사[17] 건설은 1955년 6월 30일 완료되었고, 같은 해 11월 25일 낙성식을 거행한 뒤 11월 26일 쿨터(John B. Coulter) 단장이 대한민국 정부에 양도했다.[18] UNKRA의 교육원조는 부산에 해양대학을 신설한 이후로는 새로운 대형 프로젝트를 실시하지 않았다. 1953년부터 본격적인 재건활동에 들어간 UNKRA는 1958년 6월 30일 해체시까지 1억 2천208만 4천달러를 지원해 탄광을 개발하고, 인천판유리공장, 문경시멘트 공장, 국립의료원 등을 건설했다.

---

16 〈경향신문〉, 1954. 7.31.

17 부산시 영도구 동삼동 618번지.

18 총무처, 〈UNKRA 책임자로부터 서면으로 해양대학 건물 양도를 받음, 국무회의록 제77회, 1955. 11. 26; 박송호, 국제연합한국재건단의 교육기술원조 연구, p.37 재인용.

3. 해사와의 2차 합병 시도

UNKRA의 지원에 의한 해양대학 신축 이전 사업이 순조롭게 진행된 것만은 아니었다. 그 배경에는 손원일 국방부 장관이 자리잡고 있었다. 손원일은 1953년 6월 해군 중장으로 예편해 6월 30일자로 제5대 국방부장관에 임명되었다. 그는 중국 상하이 소재 중앙대학교의 항해과를 졸업하고 상선 해기사로 근무한 경력이 있음에도 불구하고, 해군에 경도되어 있었다. 그는 1947년 해양대학을 해사에 합병시키려고 시도한 바 있었으나 무산된 바 있었다. 국방부 장관이 된 손원일은 UNKRA의 해양대학 신축 예산을 해사를 발전시키는 예산으로 전용하고자 기회 있을 때마다 이승만 대통령에게 해사와 해양대학 합병안을 건의했고, 이승만 대통령도 두 교육기관의 합병 쪽으로 마음을 굳혀가고 있었다.

그렇게 되자 해군 측은 해사와 해양대학의 합병을 기정사실로 인식해 1953년 겨울 해군본부 인사과장 전성환 중령을 해양대학에 파견해 재학생 400여명 중 100명을 선발해 해사에서 교육시킬 목적으로 심사를 실시하기도 했다.[19] 그러나 황부길 학장과 윤성순 교통부 장관(재임 1953.2-1954.2)은 'UNKRA 자금은 민간 지원기금으로 군사용으로 전용할 수 없고, 해사와 해양대학은 교육목적이 다르다'는 점을 들어 반대했다. UNK-RA 측도 민간지원기금을 군 관련 예산에 투입할 수 없다는 것을 근거로 들어 강력하게 반대했다. 이로써 이승만 대통령이 4~5 차례 유시를 하달했음에도 불구하고 해양대학과 해사와의 합병안은 무산되었다.

19　『해당 이시형과 한국해양대학』, p.149.

그러나 80세를 맞은 노구의 이승만 대통령의 심기는 그리 편하지 않았을 터였고, 그 불똥은 황부길 학장에게 튀었다. 동삼동 교사의 터 닦기 공사가 한창 진행 중이던 1953년 4월 27일, 이승만 대통령과 UNKRA의 쿨터 단장이 공사 현장을 시찰했다.[20] 이승만 대통령과 쿨터 단장, 일부 각료급 공직자, 경남도시사 등 고위 인사들이 동삼동 신축 현장을 방문해 황부길 학장의 브리핑을 들었다. 현장 시찰이 끝날 무렵 이승만 대통령은 수행원들을 물린 채 황부길 학장을 공사장 옆 빈터로 은밀하게 불러내었다. 황부길 학장은 의자 두 개를 마련해 이승만 대통령과 쿨터 단장에게 권해 드리고 그들 앞에 섰다. 자리에 앉은 이승만 대통령은 자신이 유시한 대로 '해양대학과 해사를 합병하지 않고 이렇게 해양대학 단독으로 교사를 신축하는 것'에 대해 꾸짖었다.

옆 자리에서 가만히 듣고 있던 쿨터 단장이 몹시 민망스러웠던지 황부길 학장을 대신해 'UNKRA 자금은 군사적 목적으로 활용할 수 없는 것'이라고 설명해 주었다. 이에 이승만 대통령은 쿨터 단장의 설명에 수긍하며, 자리에서 일어나 '책임감을 갖고 맡은 소임을 성실히 하라'는 당부를 황부길 학장에게 남기고 현장을 떠났다. 이승만 대통령의 현장 시찰이 있은 지 두 달 뒤에 공사가 대략 마무리 되자 황부길 학장은 7월 11일 학장에서 물러나 야인으로 돌아갔고, 그 뒤를 이어 이시형이 7월 12일 학장으로 부임했다. 해양대학 동삼동 중리 교사 낙성식은 1955년 11월 25일 이승만 대통령과 이기붕 민의원 의장, 이선근 문교부, 김일환 상공부 장관, 홍진기 해무청장, 쿨터 UNKRA 단장이 참석한 가운데 성대하게 거행되었다.[21]

---

20 〈경향신문〉, 1955.4.30. 이날 이승만 대통령은 제1부두에서 트롤선 5척 인수, 제4부두의 준설선 '아산만호', 영도 중리교사 신축 현장을 시찰하고 귀경하였다.

21 이들 외에 신성모 전 국방부 장관, 정긍모 해군참모총장, 박옥규 예비역 해군중장 등이 참석하였다.

〈그림 36〉 낙성식에서 개회사를 낭독하는 이시형 학장

〈그림 37〉 UNKRA 기념 동판[22]

22   이 기념동판은 2004년 하반기 박물관 연구원으로 근무 중이던 저자가 이준수 및 허일 교수와
      저녁식사자리에서 '동삼동 교사에 UNKRA 기념 동판이 있었는데, 조도 교사로 이전할 때 미

제2절 관할부처의 변경

1. 상공부로의 관할처 변경과 자력회[23]

1955년 2월 8일자로 정부조직법이 개정되었고 2월 17일자로 해무청이 상공부 외청으로 설치됨에 따라 해양대학의 관할부처가 교통부에서 상공부로 바뀌었다.[24] 상공부로 관할처가 바뀌게 됨에 따라 학생들에게 등록금을 받아야 하는 문제가 발생했다. 해양대학은 1945년 개교 당시부터 관비

처 챙겨오지 못했다'는 말을 듣고, 부산남고를 방문해 당시 지하 창고에 방치되어 있던 정초석과 함께 찾아와 박물관에 보관하다 2005년 5월 27기 졸업 30주년 기념사업으로 교내 기념물로 제작해 아치교사에 전시 중이다.

23 이하 『상보도해록』, 한국해사문제연구소, 2013, pp.80-82.

24 대통령령 제1010호, 1955.2.17. 제정.

교육 원칙을 지켜왔기 때문에 입학시 소정의 입학금을 제외하고는 학생들로부터 한 푼도 받지 않았었다. 당시 많은 해대생들이 등록금을 낼 형편이 안 되었기 때문에 해대에 진학했다는 것은 누구나 아는 사실이었다. 그런데 하루아침에 등록금을 내야 할 상황이 되니, 당시 학생과장을 맡고 있던 이준수로서도 참으로 난감한 상황이었다. 당시 학교에는 10기~12기가 재학 중이었는데, 조사해보니 30여명이 등록금을 낼 형편이 안 되었다. 특히 2학년인 11기들은 상공부로 바뀌고 난 직후 입학해 이전 기수들과 달리 상당액의 입학금을 낸 데다 2학년 진급하자마자 등록금까지 내야 하는 상황이 처하게 되었다.

〈그림 39〉 이준수 교수와 자력회(1956.8)

(앞줄 좌측 두 번째가 이준수 학생과장)

이준수 학생과장은 이 문제를 어떻게 해결해야 하나 고심 끝에 자력회라는 것을 만들기로 했다. 우선 등록금을 내지 못하게 된 학생들은 일단 입학 및 등록을 한 뒤 학기 중에는 학생들을 대상으로 부식을 팔거나 세탁을 해주기도 하고, 방학 동안 일을 해서 자력으로 등록금을 마련해 보자는 취지였다. 당시 학교의 부식이라는 게 보잘 것이 없었는데, 학기 중에 자력회 학생들이 국제시장에서 치즈 같은 것을 사다가 배식 때 학생들에게 팔기도 하고, 세탁소를 직영해 학생들의 제복을 다려주기도 하여 돈을 모았다. 그런데 이것만으로 30여명의 등록금을 충당할 수 없었다.

1956년 여름 방학 때 마침 국고로 교사 뒤에 옹벽을 쌓도록 되어 있던 것을 자력회에 맡기기로 했다. 자력회에서는 기술자 1명을 채용하고 자력회 회원 일부와 비회원 학생 일부 등 30여명으로 옹벽공사를 마무리 지었다. 이것이 현재 부산남고 교사 뒤의 옹벽이다. 새마을운동을 해양대학에서 먼저 시작한 셈이었다. 몇 년 뒤 국정감사에서 이것이 문제가 되어 이준수는 시말서를 쓰기는 했지만, 자력회 회원들이 졸업 후에 각 분야에서 크게 활약한 것을 생각하면 이준수 학생과장의 자력회 운영은 잘한 일이었다고 평가할 수 있다.

■ 자력회 회원
10기(3학년)
항해과 : 김택문(전 한국해양대 교수)
　　　　민병언(전 한국해양대 교수, 작고)
　　　　윤점동(전 한국해양대 교수)
　　　　장상봉(전 단해공업 부사장)
　　　　조연술(전 군산항 도선사)
　　　　조정각(전 Lasco 해운 부사장)
기관과 : 갈종수(전 한진중공업 상무이사)
　　　　김부현(전 태성흥업 사장)
　　　　박세익(전 반도선박 기관장)

안덕기(전 Eastern Shipping 기관장)

이국영(전 조양상선 상무이사)

이종원(전 경희대학교 교수)

11기(2학년)

항해과 : 남일현(전 천경해운 선장)

　　　　박장균(전 고려해운 뉴욕사무소장)

　　　　송정석(전 여수항 도선사)

　　　　안충승(전 한국해양대 석좌교수)

　　　　정세모(전 한국해양대학 교수, 작고)

기관과 : 김원녕(전 한국해양대학 교수, 작고)

　　　　김문희(전 우진해운 사장, 작고)

　　　　김춘식(전 한국해양대학 교수, 작고)

　　　　장재봉(전 범양상선 기관장)

12기(1학년)

항해과 : 김경구(전 범진해운 대표, 작고)

　　　　박종무(전 천경해운 선장)

　　　　이윤수(전 KCTC 부회장)

기관과 : 이자영(전 우일설비 대표)

1956년 여름방학 때 시공   1956년 겨울방학 때 시공

1956년 겨울방학 때 기숙사 뒷편에 견치석 공사가 진행되었는데, 이때는 부산지역 거주 학생을 중심으로 참여했다. 이준수 학생과장의 지휘 하에 3학년인 10기 3명(김부현, 노규환, 장상봉), 2학년인 11기 2명(김문희, 이경준), 1학년인 12기 2명(김옥정, 전효석) 등이 차량으로 옮겨온 견치석을 쌓고 시멘트를 섞어 보강했다.

2. 관할처의 문교부로의 이관과 한국해양대학으로 개칭

관할처가 상공부로 변경된 지 겨우 1년 반만인 1956년 7월 14일 해양대학의 관할처가 상공부에서 문교부로 변경되었다. 1956년 4월 1일 대통령령 제1168호로 제정 및 7월 14일 일부 개정된 국립학교설치령 제2조에 따라 '국립 학교는 문교부 장관의 소관'에 속하게 되어 해양대학의 관할처가 문교부로 바뀌게 된 것이다. 이 대통령령에 따라 '한국해양대학 학생에 대해서는 수업료를 면제하고 실습비와 기숙사비, 피복비를 국고에서 지급하며, 1년 승무실습을 해야 하며, 졸업 후 6년간의 의무복무를 해야 할 의무'

가 부여되었다.[25] 이에 따라 교명도 한국해양대학으로 개칭되었다.

---

25 국립학교설치령, 대통령령 제1168호, 1956. 4. 1 시행 및 1956. 7. 14 일부 개정

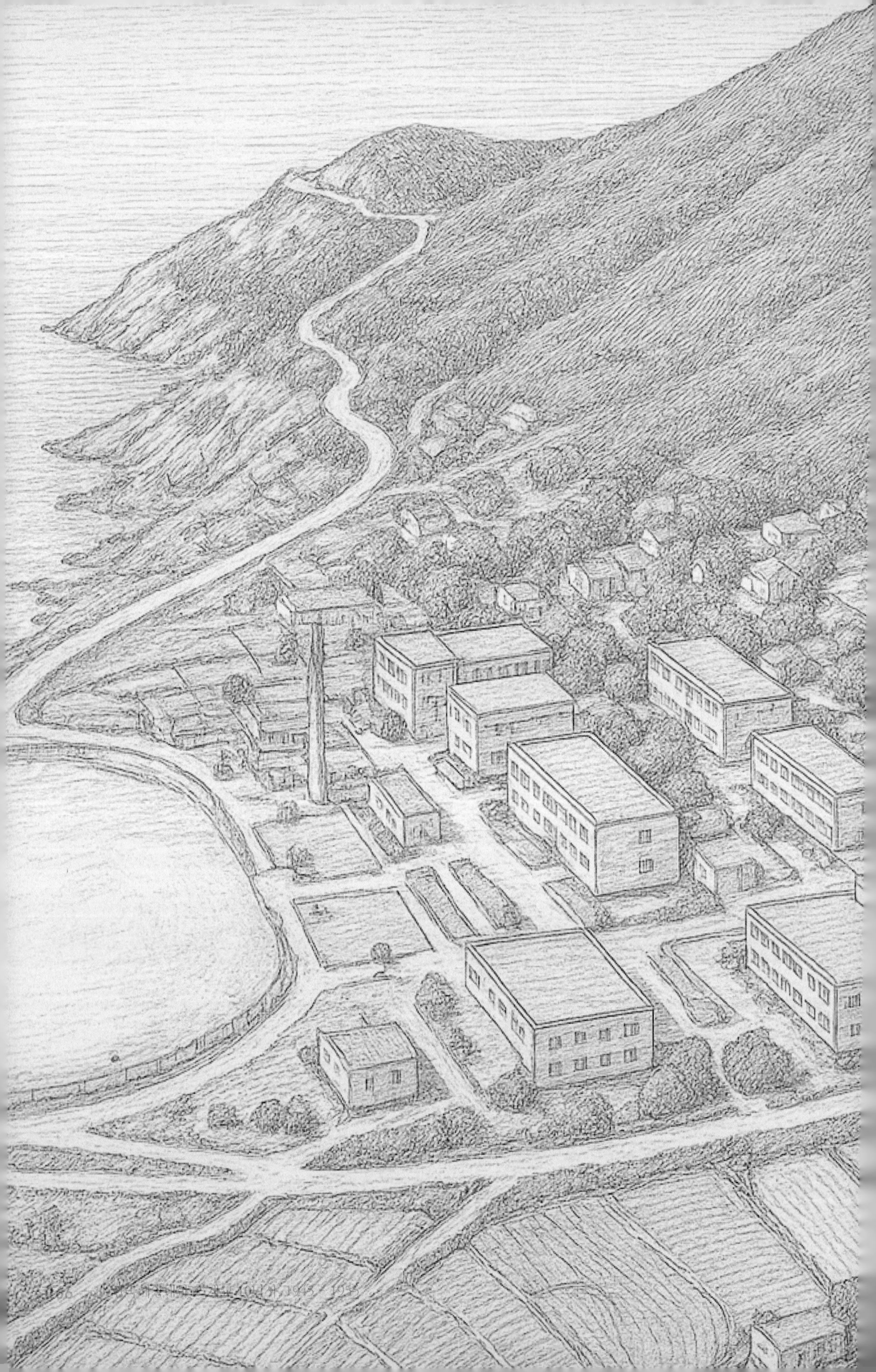

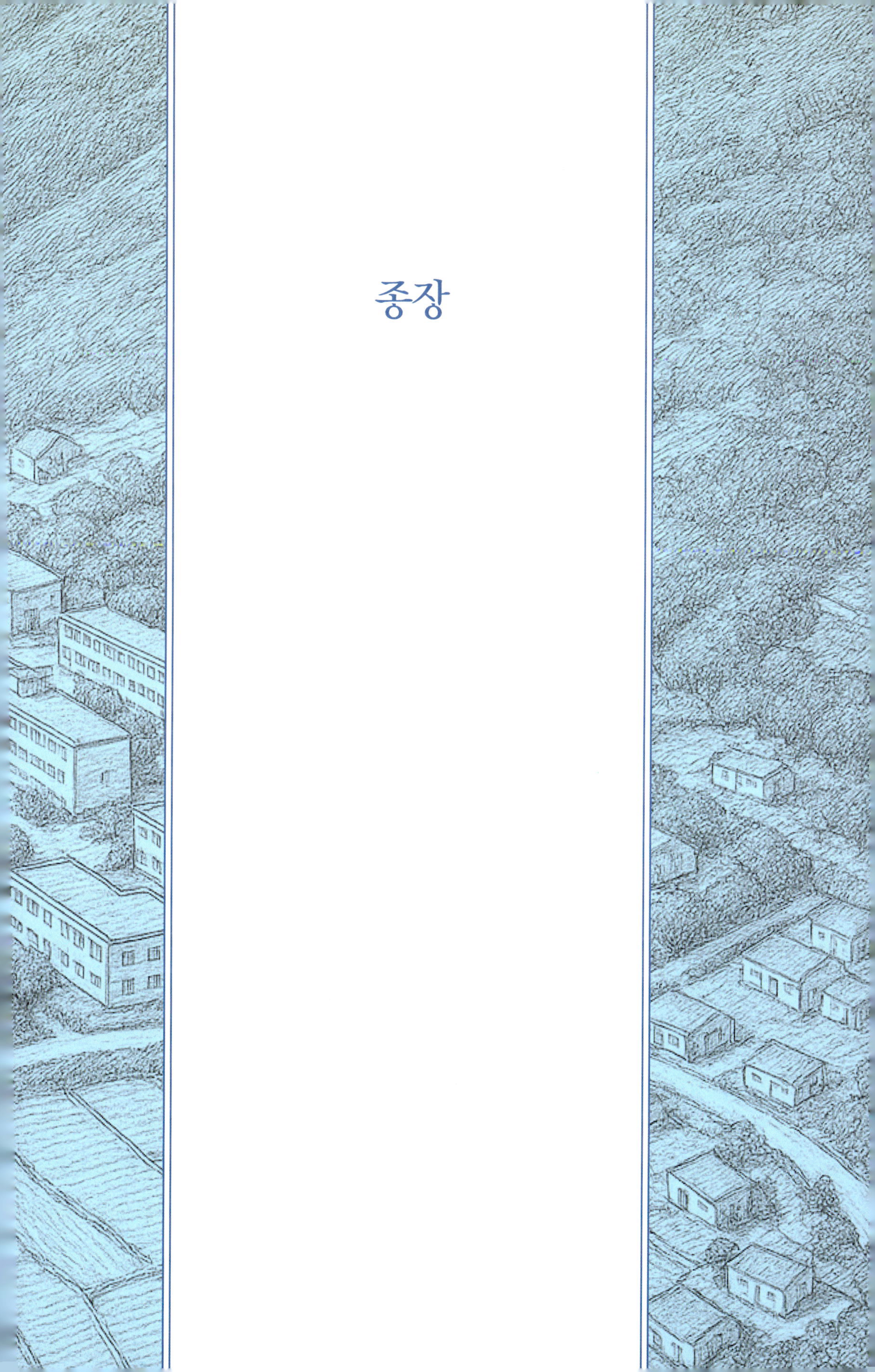

종장

1. 요약

한국해양대학 개교10년사는 여느 대학의 역사와는 비교할 수 없을 만큼 수많은 도전과 시련으로 점철되어 있을 뿐만 아니라, 주요 고비마다 학장, 교수, 학생들의 헌신과 노력으로 학맥을 이어올 수 있었다.

1) 설립 득허 과정

해방과 동시에 식민기 말 총독부 부설 해원양성소는 조선총독부의 해체로 모두 폐소되었다. 중등과정의 조선총독부 교통국 고등해원양성소(속칭 진해고등해원양성소)의 조선인 재소생들은 양성소의 재개를 바랐고, 이를 알게 된 방상표 등이 미군정 교통국에 교육 재개에 관해 협의해 긍정적 반응을 얻었다. 1945년 10월 30일 전후 이시형이 방상표와 주변 해기사들의 권유에 의해 해기교육을 맡게 되어 1945년 11월 5일 미군정 교통국 해밀턴 국장으로부터 해기교육 기관 운영에 관한 허가서(Permit)를 받았다.

1945년 11월 13일 미57군정중대 진해주둔소대장 리처즈 대위로부터 교사(校舍)로 '해병단' 건물을 배정받았으나, 고등해원양성소 교사를 사용 중이던 진해여고와 교사를 바꾸기로 합의해 옛 고등해원양성소 교사를 확보하기에 이르렀다. 이시형은 식민기의 교명과 학제(중등과정)를 그대로 승계할 수 없다고 판단하고, 미군정 교통국과 협의해 학제는 '전문학교', 교명은 '진해고등상선학교'로 결정했다. 이렇게 해서 한국해양대학교는 해빙 후 최초의 고등교육기관으로 설립되기에 이르렀다.

2) 조선총독부 교통국 고등해원양성소 재소생의 '진학' 경위

해방 당시 고등해원양성소에는 41명의 조선인이 재소 중이었으며, 1년생 6명은 중학 3년에 해당하기 때문에 전문학교로 진학할 학력을 갖추지 못했다. 따라서 2~3학년 재소 중인 35명 학생들을 대상으로 신입 선발과정과는 별도의 전형 과정을 거쳐 항해 8명, 기관 11명 등 19명을 1기로의 '진학'을 허가했다.

〈표 19〉 조선총독부 고등해원양성소 항해과 이수교과 (1943-45)

1학년	2학년	3학년
수신	수신	수신
공민과	공민과	공민과
국어	국어	국어
수학	수학	수학
영어	영어	영어
지리	지리	지리
역사	역사	법규
물리및화학	물리및화학	물리및화학
圖畵		해상운송
체조	체조	체조
技業	기업	기업
운용술	운용술	운용술
항해술	항해술	항해술
군사학	군사학	군사학
	기관술	해상기상학
	무선전신학	무선전신학
	응용역학	응용역학
주33시간	주33시간	주33시간

자료 : 김재승, 『진해고등해원양성소교사』, pp.86-90.

*: 연간 6 - 10시간

조선총독부 고등해원양성소 졸업자는 1931년까지는 중학 졸업 자격이 인정되지 않았고, 1932년 이후 입학자(1938년 졸업자)들부터

본과 졸업자는 중학 졸업자격(현 고졸자격)과 동등 학력을 인정받게
되었다.

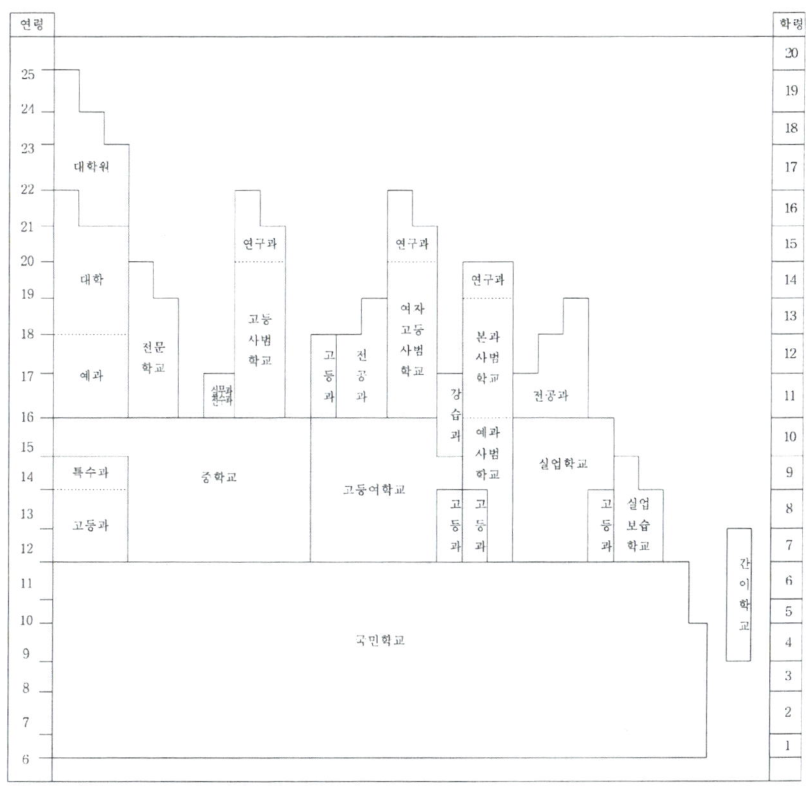

자료 : 김기석 외, 『한국교육100년: 학제 및 인구통계적 변천』, 서울대학교 사범대학 교육연구소·
한국교육사고, 1996, p.317.

지금까지 고등해원양성소 재소생 19명이 1기로 '편입'한 것으로 알
려져 있으나, 이는 잘못이다. 왜냐하면 중등과정 2~3학년 재학생이
전문학교 1학년으로 입학한 것은 '편입'이 아니라 상급학교로 '진
학'한 것이기 때문이다. 해방 당시 시행된 학제표와 이수교과를 보
면, 조선총독부고등해원양성소는 전문학교인 '진해고등상선학교'

와는 전혀 다른 중등교육기관이었음을 확인할 수 있다(〈표 10~15〉
비교).

3) 해사(海士)의 흡수 통합 시도 및 무산

미군정기 해방병단과 정부 수립 이후 해군은 해양대학을 해사에 흡
수 합병하고자 시도했다. 첫 번째는 1946년 12월 미군정 소령 1명
이 내교해 '해사와 해양대학을 합병'하라고 통지했을 때다. 이에 전
체 교수, 학생 총회를 개최한 결과 재학생 5명과 교수 8명이 해사로
의 편입 및 이직에 동의했고, 1,2기 재학생 대다수는 반대했다. 그러
나 해사의 2기 입학을 목전에 둔 1947년 1월 30일, 海士 고문 고든
맥고원(Gordon McGowan) 중령이 1947년 2월 1일부로 '동 대학은
해안경비대가 접수케 되어 해사로 사용케 되었으니, 편입 희망자는
머물러 있고, 그렇지 않은 자는 2월 11일 정오를 기해 퇴교하라'고
통지함으로써 진해해양대학은 법적으로 폐교되었다.

해사로의 편입희망자는 1947년 2월 24일까지 해사로 출두하라고
공지되었다. 나머지 학생들에게는 인천 용궁각 별관이 숙소로 제공
되었다. 그러나 항해과 1기 김종욱 학생 등 95명이 1947년 2월 14
일 서울 용산 운수부 앞에서 '해사로의 편입 반대' 농성을 벌였다. 이
러한 학생들의 반대에 부딪힌 국내경비부는 1947년 2월 15일, '진
해해대생'을 '인천해양대학'으로 편입시켜 상선교육을 재개한다고
발표했다. 이로써 첫 번째 해사의 해양대학 합병 시도는 무산되었
다.

두 번째는 6.25전쟁 휴전 후 UNKRA의 지원으로 해양대학 신축 이

전 사업이 진행되던 1953년에 시도되었다. 1953년 6월 국방부장관에 취임한 손원일은 신축하는 해양대학을 해사에 통합해 신축 교사를 확보하고자 이승만 대통령에게 청원했다. 이에 동조한 이승만 대통령은 수 차례 유시를 통해 양교의 합병을 강권했다. 그러나 민간 재건기금인 UNKRA 기금은 군사용으로 전용할 수 없다는 황부길 학장 및 쿨터 UNKRA 단장의 설득으로 해군측의 두 번째 해양대학 합병 시도도 무산되었다.

4) 통영상선학교 재학생의 '진학' 허가

1946년 2월 5일 교통국 해사부장에 임명된 이동근은 2월 8일 신문과의 인터뷰에서 폐소된 통영과 인천에 해원양성소를 개소하겠다고 발표했다. 그 결과 통영상선학교가 1946년 4월에 개교했다. 통영상선학교에는 항해, 기관 총 40명이 재소 중이었는데, 1946년 11월 진해해양대학으로의 진학을 원하는 학생들이 늘어 전문학교 진학 자격을 갖춘 학생을 대상으로 11월 15일 전형을 통해 9명을 1기, 16명을 2기로의 진학을 각각 허가했다. 이로써 전체 학생의 절반 이상이 빠져 나가게 되자 통영상선학교는 자연스럽게 폐소되었다.

5) 진해해양대학의 폐교와 인천해양대학으로의 '흡수 통합'

미군정 해운국(통칭 해사국)은 1946년 2월 인천해양대학 설립을 계획하고, 6월 황부길을 학장으로 임명했다. 교사(校舍)를 확보하지 못한 황부길이 1946년 11월 학장을 그만두게 되자 인천해양대학은 교사와 학장도 없는 상태에서 1946년 12월 20일 개교했으나 휴업 상태였다.

한편, 진해해양대학은 1947년 1월 30일, 해사 고문 고든 맥고원 중령으로부터 해사와의 합병 통지를 받은 상태에서 1947년 2월 1일 인천 용궁각 별관에 숙소를 마련했다. 진해해대생은 2월 14일 해사와의 합병에 반대하는 농성을 벌인 끝에 2월 15일 국내경비부로부터 인천해양대학으로의 편입과 상선교육 재개를 약속받았다. 당시 인천에는 개교휴업상태인 인천해양대학이 국내경비부 관할하에 있었다. 법적으로는 폐교된 진해해양대학 학생을 인천해양대학으로 편입시킨 모양새였으나, 2월 24일 개교식에서는 '조선해양대학'이라는 새로운 교명을 사용하고, 진해해대생 1, 2학년을 그대로 수용했다는 점에서 인천해양대학이 진해해양대학을 흡수 통합했다고 보아도 무방하다. 그 결과 1947년 2월 24일 '조선해양대학'이라는 새로운 교명으로 출범하게 되었다.

6) 교명 및 주무부서 변경

개교 10년간 우리 대학의 교명 및 무부서 변경 내역을 정리해 보면 〈표 20〉과 같다.

〈표 20〉 대학의 교명 및 주무부서 변경 내역

일시	교명	조치 사항	관할처	근거
1945.11.5	진해고등상선학교	설립 허가	미군정 교통국	허가문서
1946.8.15	진해해양대학	승격 개칭	운수부	1946. 3.29 미군정 직제 개편 1946.4.26., 미군정 '현행고등교육제도에 대한 임시조치 요항'
1946.2	인천해양대학	설립안 공표		조선일보(1946.2.9.)

일시	교명	조치 사항	관할처	근거
1946.12.20	인천해양대학	개교	운수부	
1947.2.1	진해해양대학	폐교	국내경비부	1947.1.30, 海士고문 Gordon McGowan의 통지
1947.2.15.			국내경비부	진해해대생, 인천해대로 편입
1947.2.24	조선해양대학	흡수 합병 개교		1947.2.15, 국내경비부의 정책결정
1948.6.1.*	국립조선해양대학	개칭		〈군산신문〉, 1948. 6.2/11
1948.11.4	국립조선해양대학	관할처 변경	교통부	1948. 11.4 대통령령 제26조
1950.1.1	국립해양대학	개칭		한국해양대학교 50년사(p.851)
1955.2.17	국립해양내학	관할처 변경	상공부	1955.2.17, 상공부 외정으로 해무청 신설
1956.7.14	한국해양대학	관할처 및 교명 변경	교육부	국립학교설치령 대통령령 제1168호

* 『한국해양대학교 50년사』에는 1948년 10월로 기록하고 있다.

2. 제언

1) 군산에 해양대학 옛터 기념석 설치

1947년 2월 20일, 진해해양대학과 인천해양대학의 흡수합병으로 개학한 조선해양대학은 교사가 없어 어려움에 처하다가 1947년 4월 군산으로 이전했다. 군산 시와 군산 시민은 해양대학을 물심양면으로 지원해 주었다. 시는 시 재정의 일부를 지원했고, 지역유지들은 기부금을 냈으며, 시민들은 간장, 고무신, 비누 등 생필품 구입시 해대지원금을 덧붙여 구입해 주었다. 그 결과 해양대학은 안정을 되찾고, 대학으로서의 면모를 갖출 수 있었다. 6.25 전생 중 잠시 부산으로 피난 한 뒤 9.18 서울수복 후 복귀해 시에서 제공한 군산공회당에 임시 교사를 마련해 교육을 계속했다. 군산에서 1~5기 460여 명이 졸업했고, 3~9기가 입학했다.

이후 해양대학은 전쟁의 와중에 UNKRA의 지원으로 부산으로 급히 이전하는 바람에 군산시와 군산시민에 대한 고마움을 표할 기회를 갖지 못했다. 이제라도 교사도 없이 이름만 있던 해양대학을 유치해 6년 반 동안 재정적 지원을 아끼지 않은 군산시와 시민들에게 고마운 마음을 표해야 할 것이다. 다행히 군산 캠퍼스의 식당 건물이 그대로 현존하고 있기에 그 인근에 '한국해양대학 군산 교사 옛터' 기념석을 세울 것을 제안한다.

앞면 : 한국해양대학 군산 교사 옛터 (안)

뒷면 : 이곳은 1948년 1월부터 1950년 8월 경까지 한국해양대학이 있던 자리다.

진해해양대학과 인천해양대학이 흡수 합병한 당시 조선해양대학은 1947년 4월 군산국민학교 임시교사로 이주해 학업을 이어오다 1948년 1월 이곳 신축교사로 이주했다. 6.25전쟁으로 교사가 파괴되자 해양대학은 군산공회당에 임시교사를 마련하고 1953년 9월까지 학업을 이어가 1기부터 5기까지의 졸업생을 배출했다.

1953년 10월 부산으로 이전한 한국해양대학은 군산 시와 시민들의 아낌없는 지원에 힘입어 오늘날 세계 최고수준의 해양대학으로 발돋움할 수 있었다.

국립한국해양대학교·국립한국해양대학교 총동창회
0000년 0월 0일

2) 한국해양대학 학맥의 정립

한국해양대학은 건학100년을 바라보고 있다. 이러한 역사적 기로에선 지금 한국해양대학의 학적 법통을 확립하는 일은 무엇보다도 중요하다고 할 수 있다. 먼저 현 학사력상 '조선총독부 체신국 해원양성소'를 '모태'로 하게 된 내력을 정리해 보면 다음과 같다.

설립 허가 이후 반세기가 넘도록 한국해양대학과 조선총독부 고등해원양성소간에는 어떠한 연결고리가 없다는 것이 공식적 입장이었다. 종합대학으로 승격한 뒤인 1993년 1월(29명)과 1994년 2월 (5명) 전효중 총장 재임 중 조선총독부 해원양성소 졸업자들에 대한 명예졸업장 수여가 있었지만, 이는 학맥의 연속성을 인정한다는 차원이 아니라 선배해기사에 대한 예우 차원에서 이루어진 일이었다.[1] 그러나 박용섭 총장 재임시 2002년 4월 15일 교무회의에서 한국해양대학 개교일을 1919년 9월 조선총독부 체신국 해원양성소 개소일로 하는 것으로 확인하였다.[2] 또한 2002년 2월(1명), 5월 24일(28명), 10월 25일(40명) 고등해원양성소 출신과 원로해기사에 대한 명예졸업장 수여가 있었다. 이러한 결정 배경에는 당시 행정 책임자의 고등해원양성소 출신으로부터의 기부금 수탁 의욕,[3] 행정 담당자들의 '해원양성소와 한국해대의 역사적 사실에 대한 몰이해' 등이 어우러져 빚어진 일이었다. 게다가 당시 행정 책임자(총장 박용섭)는 교수회의 등의 논의를 전제로 개교일을 1919년으로 할 것이라는 교무회의의 결정과는 달리 교수회의에 보고 내지 토의 등을 거치지 않은 채 학교의 로고를 교체해 총동창회와 학내외에 반발과 혼란을 야기했다.

이에 대해 2004년 3월 6일 김순갑 총장 취임 이후, 5월 11일 교무회의를 통해 '교수회의 개최 등 어떠한 절차나 논의 없이 개교기념일을 변경한 것이 야기한 혼란에 대해 충분한 논의와 연구과정을 거

---

1   전효중 전 총장과의 면담.(2023. 6.22)

2   교무회의록(교무81210-407, 2002.4.16.)-한국해양대학교 역사바로세우기(안) 심의의결.

3   이는 고등해원양성소 출신인 배순태로부터 경기 양평군 소재 임야 15만2900평(시가 70억원 상당)을 기부받기 위한 '사전 정지작업'이었다. 이 일이 있고 난 뒤인 2002년 9월 27일 실제 기부가 이루어졌다.

쳐 결정할 때까지 한국해양대학 개교일을 1945년 11월 5일로 바로 잡는다'는 것으로 심의 의결되었다.[4] 이와 같은 조치로 조선총독부 고등해원양성소를 한국해양대학교의 '전신'으로 보려 한 전임 행정 책임자의 의도는 무산되는 것으로 보였다. 그럼에도 불구하고 2004년 11월에 간행된 총동창회『동문인명록』에 '1919년 9월 1일 - 조선고등해원양성소로 개교'[5]한 것으로 학교 연혁이 수정되었다.

하지만 2004년 12월에 간행된『대학요람』에는 '1945. 11.5 - 진해고등상선학교로 개교'라고 기존 학사력이 그대로 사용되었다.[6] 2004년 후반기에 총동창회 간행물의 학교 연혁과 학내 공식 간행물의 학교 연혁이 차이가 난 것은 진해고등해원양성소 출신 배순태 옹의 기부금 반환 소송 운운[7] 등의 반발에 따른 당시 학교 당국의 임기응변적 대응에 따른 것이었다.[8] 2005년에는 한국해양대학교의 울산 이전안이 학내외의 가장 중요한 사안이 되어 조선총독부 고등해원양성소 문제는 잠시 소강상태로 접어들었다.

---

4   교무회의록(교무과-1082, 2004. 5. 14).

5   한국해양대학교 총동창회,『동문인명록』8집, 2004.11, p.109.

6   한국해양대학교,『대학요람』2004-2005, 2004.12, p.9.

7   2004년 당시 학교 박물관에 근무했던 필자는 당시 진해고등해원양성소 김윤택 동창회장과 자주 접하며 다음과 같은 취지의 이야기를 전해 들었다. '가평 임야를 기증한 고등해원양성소 출신 배순태 옹이 2002년 4월 개교일을 1919년으로 소급했다가 2004년 5월 이를 1945년으로 되돌리자 기부 임야에 대한 반환 소송 운운했다.'

8   당시 총장을 맡았던 김순갑 교수는 "취임 직후 진해고등해원양성소가 해대의 전신이다 아니다는 말들로 어수선해 교무회의를 통해 '모태'로 정리한 것으로 기억한다"고 회고했고(2024. 1. 9), 기획처징을 맡고 있던 김명환 교수는 "2005년 울산 이전안이 워낙 중대했던 사안이라 '모태'에 관한 것은 전혀 기억나지 않는다"고 말했다(2024. 1.24) 그러나 학생처장을 맡았던 강신영 교수는 "정확히는 기억나지 않지만, 대체로 김 교수가 정리한 것이 맞다"고 확인시켜 주었다(2024. 1.24).

'모태'라는 표현이 처음으로 사용된 것은 2006년 8월 1일 교무회의에 보고된 "진해고등해원양성소 동창회의 '진해고등해원양성소 옛터' 표지석 설치(안) 문안이었다. 당시 진해고등해원양성소 동창회(회장 김윤택)가 작성한 표지석 설치(안)에 '진해고등해원양성소는 한국해양대학교의 모태'라는 문안이 교무회의에 보고되었다.[9] 표지석 설치(안) 자체는 교무회의에서 심의 의결할 사안이 아니었으나, 이 문안에 대해 당시 교무회의 참석자들의 이견이 없었으므로 '조선총독부 해원양성소가 한국해양대학교의 모태'라는 사실을 학교 연혁으로 인정하는 셈이 되었다. 이후 2006년 10월에 간행된 『대학요람』 학교 연혁에 '1919 - 진해고등해원양성소 설립 : 한국해양대학교의 모태'로 공식화되었다.[10]

이는 2007년 4월 11일 교무회의에 보고된 진해고등해원양성소동창회의 표지석 설치(안)에 '진해고등 해원양성소를 한국해양대학교의 모체'라는 문안으로 이어졌고,[11] 4월 25일 진해고등해원양성소 동창, 총장 및 보직교수가 참석한 가운데 진해 해군교육사령부 내 행정학교 터에 '진해고등해원양성소 옛터' 표지석이 교무회의 보고된 문안대로 설치되었다.[12]

---

9   교무회의록(2006.8.1.)-붙임※ 자료 : 진해고등해원양성소 표지석 설치 계획(안).

10   한국해양대학교, 『대학요람』2006-2007, 2006.10, p.9.

11   교무회의록(교무과-1205, 2007.4.11.)-진해고등해원양성소 표지석 설치 안내 (2007.4.25.)

12   〈연합뉴스〉, 2007.4.25.

■ **2006년 8월 1일 교무회의에 보고된 표지석 문안**

"이 유적지는 진해고등해원양성소가 자리를 잡았던 곳이다. 진해고등해원양성소는 1927년 8월부터 1945년 8월까지 27년간 졸업생 426명을 배출시켰다. 졸업생들은 우리나라 해운업과 해군 발전을 위한 기틀을 닦았으며, 현 한국해양대학의 모태가 되었다. 진해고등해원양성소 동창회"

■ **2007년 4월 11일 교무회의에 보고된 표지석 문안**

"이곳은 해원양성소가 1919년 인천에서 설립되고, 1927년 8월 진해시 앵곡동으로 옮기어 1940년 5월 고등해원양성소로 개칭되는 과정을 거치며 1945년 8월까지 해양을 개척하고자 한국과 일본의 젊은 청년들을 가르쳤던 옛 터이다. 또한 국립한국해양대학교의 모체인 동 고등해원양성소가 1946년 1월부터 1947년 1월까지 진해고등상선학교로 승격하여 재개교했던 자리이다. 이 학교는 1947년 1월 이후 인천으로 옮겼다. 세월의 풍상 속에서 옛 자취는 사라졌다 해도 광복된 조국의 해운건설과 해군창설에 중추를 담당했던 우리 졸업생의 해양에 대한 열기와 낭만이 베어 있던 자리에 표석을 세워 그 기상을 후대에 전하고자 한다. 건립 : 진해고등해원양성소 동창회, 건립협찬 : 대한민국 해군, 국립한국해양대학교"

위의 상기 두 표지석 문안 외에 교무회의록에서 '조선총독부 해원양성소를 한국해양대학교의 모태'로 한다는 안건이 심의 및 의결된 기록은 찾을 수 없었고, 교수회의에 보고된 적도 없었다. 이상의 경과를 정리해 보면 〈표 21〉와 같다.

〈표 21〉 고등해원양성소 '모태' 설의 사용 경과

연월	내역	비고
2002.4.15	개교일을 조선총독부 해원양성소 개소일(1919. 9.1)로 확인	박용섭 총장(교무회의)
2002. 9.27	조선총독부 고등해원양성소 졸업자 배순태, 가평 임야 기증	
2004.5.11	개교일을 1945년 11월 5일로 환원	김순갑 총상(교무회의) 근거 : 전체 교수회의 등의 절차 미준수
2004.5-10	배순태, 기부 자산 반환 소송 운운	개교일 1945년으로 환원에 반발
2004.11	1919. 9. 1-조선고등해원양성소로 개교	『동문인명록』8집
2004.12	1945. 11. 5-진해고등상선학교로 개교	『대학요람』2004-2005
2006.8.1	진해고등해원양성소 옛터 : 문안에 '모태' 삽입	교무회의 보고 자료
2006. 10	1919-진해고등해원양성소 설립-한국해양대학교 모태	『대학요람』2006-2007
2007.4.11	표지석 문안 - 진해고등해원양성소 - 한국해양대학교의 모체	교무회의 보고 자료

이처럼 한 대학의 역사적 시발점과 정체성을 정하는 중차대한 사안이 역사적 사실 확인, 학내외 구성원의 의견수렴, 적절한 행정 절차 없이 비공식적으로 결정되었다. 따라서 '1919 : 진해고등해원양성소 설립 - 한국해양대학교의 모태'로 본 현 한국해양대학교 연혁은 바로잡아야 한다.

그 이유는 다음과 같다.

첫째, '한국해양대학교의 모태를 조선총독부 해원양성소로 한다'는 안건이 교무회의의 심의 의결과 교수회의 개최 등 어떠한 공식 절차나 논의 없이 사용되어 왔다.

둘째, '조선고등해원양성소', 또는 '진해고등해원양성소'라는 속칭을 사용함으로써 개소 당시 정식 교명 '조선총독부 체신국 해원양성소'라는 명칭이 주는 위화감을 숨기려 하고 있다.

셋째, 학제상 '조선총독부 (고등)해원양성소'는 중등과정의 직업훈련소였고, 해방과 동시에 설립 주체와 운영 주체의 소멸로 인해 폐소되었다.

이 연구에서 확인한 1919년 조선총독부 체신국 해원양성소의 개소에서부터 1947년 조선해양대학까지의 학적 법통을 도시화해 보면 다음과 같다.

〈그림 43〉 한국해양대학교의 법적 학맥

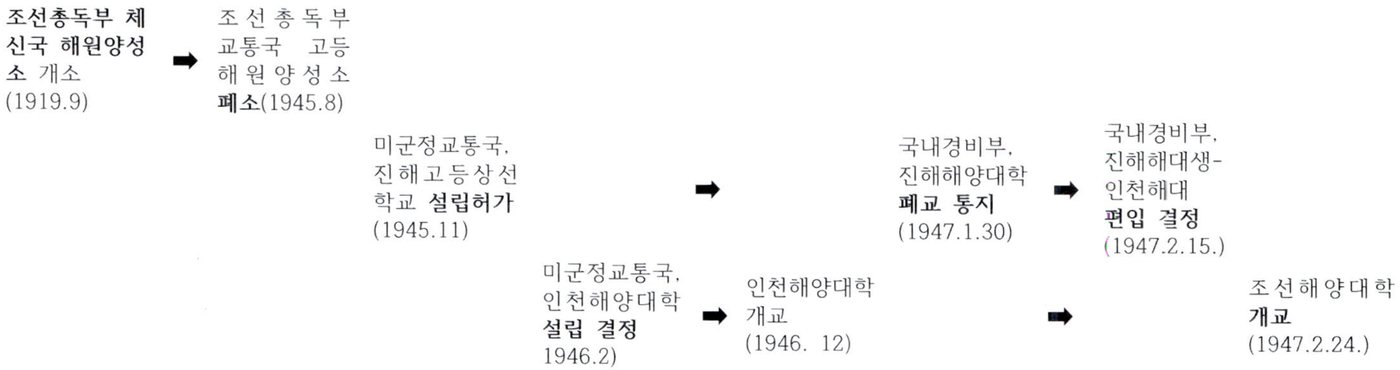

이를 통해 현재 한국해양대학의 직접적 학맥은 인천해양대학에 있음을 확인할 수 있다. 진해고등상선학교가 승격 개칭한 진해해양대학은 1947년 1월 30일자로 폐교 통지를 받은 상태였기 때문이다. 하지만 진해해양대학 1,2기생 재학생 전체가 학적을 그대로 인정받아 인천해양대학으로 편입했고, 교명도 '조선'해양대학으로 개칭함으로써 흡수 통합의 모양새를 갖추었다. 이 점에서 한국해양대학은 진해고등상선학교의 학맥을 승계했다고 할 수 있다.

이와 달리 조선총독부 (고등)해원양성소는 설립 주체, 설립 목적, 학제(중학학력 인정 훈련소), 재학생의 승계 등 모든 측면에서 한국해양대학교의 학적 법통으로 이어질 연결고리가 전혀 없다. 유일한 연결고리라고 할 수 있는 것은 미군정으로부터 허가장을 받는 과정에서 폐소된 조선총독부 고등해원양성소의 재개를 '의도'했다는 것이다. 하지만 개교를 준비하는 과정에서 교명과 학제 등의 문제에 봉착해 중등과정의 직업훈련소인 조선총독부 고등해원양성소의 재개가 아닌 새로운 전문학교로서 '진해고등상선학교'를 설립했다. 따라서 고등해원양성소 2,3학년 재학생이 진해고등상선학교 1기로 입학한 것은 '편입'한 것이 아니라 상급학교로 '진학'한 것이다.
고등해원양성소 재소생 중 '진해고등상선학교'로 진학한 1기생 19명의 입장에서 보면 조선총독부 고등해원양성소와 진해고등상선학교(한국해양대학)는 전혀 다른 학교였던 것이다.[13] 만약 조선총독부 고등해원양성소가 한국해양대학에 승계되었다고 한다면, 고등해원

---

[13] 2016년 배순태 옹의 회고록이 나왔다는 말을 듣고 북창동 사무실에서 만난 배순태 옹은 '사실 한국해양대학과 고등해원양성소와는 별개의 학교'라는 취지의 말을 필자에게 한 적이 있었다.

양성소 재소생 중 1기로 진학한 재소생들은 중등학교 이수나 졸업 없이 전문학교로 진학한 셈이 되어 학력에 공백이 생길 수밖에 없다. 따라서 이와 같은 역사적 사실을 고려해 한국해양대학교의 학적 법통이 바르게 정립하기 위해 총동창회와 대학 당국 간에 적절한 협의와 절차를 통해 바로잡아야 할 것이다.

3) 해양구락부 추모비 건립

끝으로 1950년 6.25동란 중 실습 중에 일어난 해양구락부 부원들에 대한 추모와 신원(伸冤)이 이루어지길 기대한다. 신원(身元)이 확인되지 않은 4기생 1명을 확인하고, 사태의 전말을 기록하고 희생자의 넋을 기리는 추모비를 건립하기를 바란다.

<참고문헌>

1. 사료

· 공업신문; 국제일보; 군산신문; 경향신문; 동아일보; 대구시보; 대중일보; 독립신보; 대한독립신문; 매일신보; 민보; 부녀일보; (일어) 부산일보; 부인신보; 부인인보; 수산경제신문; 신조선보; 서울신문; 연합신문; 영남일보; 자유신문; 조선일보; 조선중앙일보; 중앙신문; 제삼특보; 한성일보; 현대일보.

· 조선총독부『관보』

· 한국해양대학교 교무회의록, 2002-2007.

· 한국해양대학교『대학요람』각권.

· 한국해양대학교 총동창회『동문인명록』각권.

2. 2차 문헌

· 강명숙, 미군정기 고등교육연구, 서울대학교 교육학박사논문, 2002.8.

· 강명숙,「미군정기 대학 단일화 정책 수립에 관한 연구」,『한국교육』, 29권 2호, 2002.

· 김기석 외,『한국교육100년: 학제 및 인구통계적 변천』, 서울대학교 사범대학 교육연구소·한국교육사고, 1996.

· 김병륜,『이성호제독』, 해군본부, 2016.

· 김상근,「미군정기의 행정기구」,『한국행정학보』, 7권, 1973.

· 김용주,『풍운시대 80년』, 신기원사, 1984.

· 김종길,『되돌아 본 해운계의 사실들』, 동재, 2006.

· 김재근,『배의 역사』, 서울대학교조선공학과동창회, 1980.

· 김재승,『진해고등해원양성소교사』, 혜안, 2001.

· 김재승, 「1945-1948년까지 우리나라 외항선의 현황」, 『해운물류연구』, 제40호, 2004. 3.

· 박송호, 국제연합한국재건단의 교육기술원조 연구, 성균관대학교 사학과 석사학위 논문, 2022.2.

· 방상표, 지난 세월의 기억을 더듬어, 『진해고등해원양성소교사』, 혜안, 2001. 부산수산대학교50년사편찬위원회(1991), 『부산수산대학교오십년사』,

· 석두옥, 『해성』, 성암, 1994.

· 손원일, 상선사관 소해정타고, 『월간 중앙』, 19호, 1969. 10.

· 손인주, 『한국교육사』, 문음사, 1997.

· 손태현, 증정판 『한국해운사』, 효성출판사, 1997.

· 손태현, 『한국해양대학론』, 다솜출판사, 2015.

· 신상준, 『미군정기의 남한행정체제』, 한국복지행정연구소, 1997.

· 오성배, 사립대학 팽창 과정 탐색: 해방후 농지개혁기를 중심으로, 한국교육개발원 연구보고서(KD2004-31-03-03).

· 오진근·임성채, 『해군창설의 주역 손원일 제독』 상, 한국해양전략연구소, 2006.

· 윤경호 외, 『대한민국 건군의 주역 손원일 제독』, 해군사관학교 2014.

· 윤상송, 『바다에 미래를 걸다』, 한국해사문제연구소, 2011.

· 윤석경, 미군정기 행정의 성격과 그 영향에 관한 연구, 『충남대학교 사회과학연구 소논문집』, 제2권, 1991.

· 이종길, 「해방후 부산지역의 대학설립과 동아대학 창학 및 법학교육의 전개」, 『동 아법학』 85호, 2019.

· 이학수, 해방이후 미군정과 해군 창설, in 『대한민국 건군의 주역 손원일 제독』, 해 군사관학교 2014.

· 이형행, 「해방후 고등교육정책의 흐름」, 『대학교육』, 1999, 7-8.

· 임다은, 유엔한국재건단의 조직과 활동, 서울대학교대학원 국사학과 석사학위논

· 문, 2019.8.

· 전효중, 『잊어버리고 남은 것들』, 하석 전효중 교수님 미수연및회고록출판기념회
　　준비위원회, 2019.

· 조계표·박재익, 「미군정 시대의 사회상황과 행정조직의 변화」, 『한국행정사학지』,
　　제39호, 2016.12.

· 조기안, 미군정기 정치행정체제의 구조 분석, 성균관대학교 박사학위논문, 1997.

· 조선우선주식회사 편, 하지영, 최민경 역, 『조선우선주식회사 25년사』, 소명출판,
　　2023.

· 최영, 추억 속의 해양대학, 『해양담론』 6호, 문헌, 2019.

· 최은순, 「한국의 초기 해기교육 모델의 수용과 변용의 역사」, 『역사와 경계』 119,
　　2021. 6.

· 미군정기 군정단 군정중대 문서 5(한국현대사※ 자료집성), 도군정사(Provincial
　　Military Government History, 22 Sept. 1945 to 15 Jan. 1946)

· 좌담 : 해양대학의 어제와 오늘, 『해양한국』, 1975. 10.

· 황부길 회고담, 『한국해운항만발달사』, 한국해사문제연구소, 1980.

· 『인천시사』 하, 인천직할시, 1993.

· 『상보도해록』, 한국해사문제연구소, 2013.

· 『보양만어기』, 한국해사문제연구소, 2022.

· 『손원일 제독 어록』, 해군본부, 2015.

· 『해성 이맹기』, 이맹기회장추모사업회, 2006.

· 교통부, 『해운 10년 약사』, 1955.

· 인천광역시립박물관, 『해양의 도시, 인천』, 2017.

· 인천직할시, 『인천시사』 하권, 1993.

· 한국해사문제연구소, 『현대 한국해운발전 40년사』, 1984.

· 한국해양대학교, 『한국해양대학교 50년사』, 1995.

· 해군본부, 『해군창설의 주역 정긍모 제독』, 해군역사기록관리단, 2018.

· 해군사관학교, 『해군사관학교 50년사』, 1996.

· History of the US Army Forces in Korea, Part III, Chap I, Military Necessity vs Military Government(돌베개, 1988), at 국사편찬위원회(db.history.go.kr)

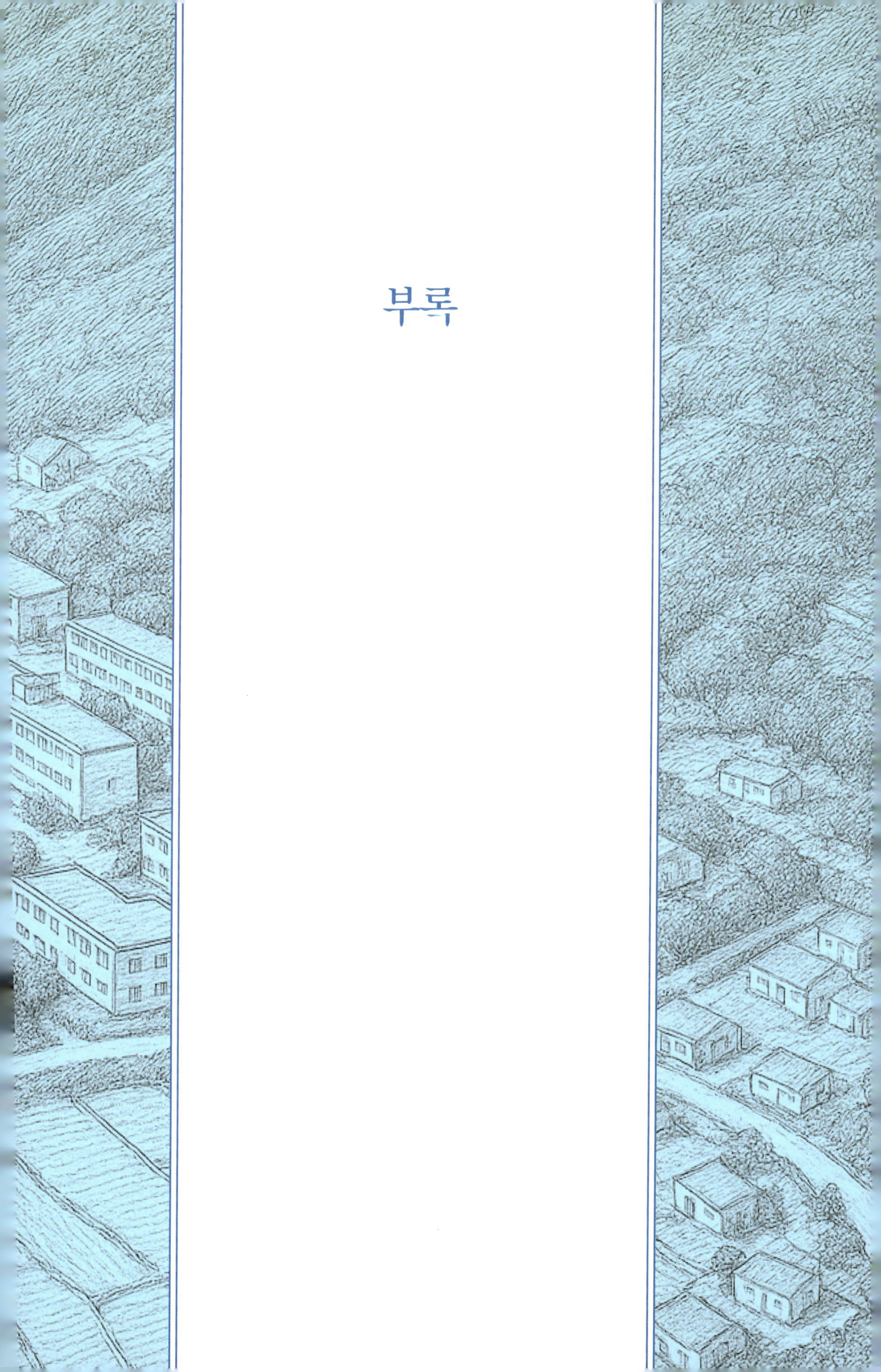

부록

1. 개교 10년의 해적이

일시	해양대학	근거
1945. 8.15		해방
1945. 9. 7		미군정 실시 공표
1945. 9.29		Ward Hamilton, 교통국장 피임
1945. 10.30		부산 호, 인천 출항
1945. 11.5	미군정 교통국, 설립 허가	
1945. 11.11		해방병단 결성
1945. 12.9	진해고등상선학교 학생 모집공고(조선일보)	
1945.12.20	전수과 부설	
1946. 1. 5	진해고등상선학교 입학식 거행 1기(항해 48명, 기관 51명)	
1946. 1.17		해군병학교 설치
1946.2.9	인천해양대학 설립계획 공표	이동근 해사부장(조선일보)
1946. 3.29		교통국, 운수부로 승격 개칭
1946. 4.1		통영상선학교 개교
1946. 6	황부길, 인천해양대학장 피임	
1946. 6.19		국립서울대학교안 공표
1946. 8.15	진해해양대학으로 승격 개칭	1946.4.26. 현행고등교육제도에 대한 임시조치 요항 발표
1946. 11.5	통영상선학교 재학생 대상 진학 시험 실시(9명을 1기로, 16명을 2기로 진학 허용)	
1946. 12	미군정 운수부, 해사와 합병 통지	
1946. 12.20	인천해양대학 입학식 거행 항해 60명, 기관 60명	
1947. 1.30	海士고문 Gordon McGowan 중령, 진해해양대학의 해사와의 합병 및 폐교 통지	
1947. 2.1		해운, 항만 등 관할부처, 국내경비부(속칭 통위부)로 변경

일시	해양대학	관련 사항
1947. 2.14	김종욱 학생대표 등 95명, 해사로의 편입 반대 농성(서울 운수부청사 앞)	
1947. 2.15	국내경비부, 진해해대생의 인천해양대학으로 편입 결정	
1947. 2.24	조선해양대학 개교	
1947. 3.21	2기생 김경천과 김주년, 해군제복 착복	
1945. 4.15	군산으로 이전 확정	
1947. 5. 5	조선해양대학, 개강식(군산초등학교 임시교사)	
1947. 6. 3	황인식, 학장 피임	
1947. 7	조선과 신설	
1947.7.26	황인식 학장 취임식 거행	
1947. 7.28	황인식 학장 취임 반대 학생 단식농성 및 교수 전원 사직 황인식, 전 학생 퇴교 조치	
1947. 7.30	퇴교생, 전원 복학 및 사직 교수, 전원 복직	
1947. 10.11	KBM 2, 1기 원양실습항해 출항	
1948. 1.20	군산 신영동 3번지 신축교사로 이전	
1948. 2.27	1기 졸업 및 해대 악대 창립	
1948. 6.	국립조선해양대학으로 개칭	
1948. 9.1	내무규칙, 교훈삼칙 제정	
1948. 11.4		대통령령 제26조 교통부 직제 공표
1949. 2.15	관할부처, 교통부로 이관	법률제20호 지방관서 설치법 시행
1949. 3. 4	황인식, 학장직 사임	
1949. 3. 5	이시형, 학장 피임 해대 학훈 제정	
1950. 1. 1	국립해양대학으로 개칭	
1950. 2.28	교지 〈바다〉 창간	
1950. 5. 3	황부길 해운국장, 학장 겸임	
1950. 6.25		6.25동란 발발
1950. 6.28	휴교 조치	

일시	해양대학	관련 사항
1950. 7.24	YMS호, 조선공사 부두 계류(부산)	
1950. 7.4	3기 실습 중 단양 호, 인천도크 탈출	
1950. 7-8(?)	해양구락부 9명, 즉결 처분	
1950. 10	군산으로 복귀 및 군산공회당에서 수업 재개	
1950. 12.1		UN, UNKRA 설립 결의
1951. 8.4	이시형, 학장 피임	
1952. 3.2	조선과 폐과	
1953. 7.15	황부길, 학장 피임	
1953. 7.27		6.25전쟁 휴전
1953. 10.5	부산 거제리 임시교사(교통고등학교 임시교사)로 이전 개학	
1954. 1.16	동삼동 중리 부지 매입	
1955. 2.17	관할처, 상공부로 이관	상공부 외청으로 해무청 설치
1955. 11.25	국립해양대학 중리 교사 낙성식 거행	
1956. 7.14	한국해양대학으로 개칭 및 관할처, 교육부로 이관	국립학교 설치령 제2조 개정

2. 바로 잡은 학교 연혁

	현행 연혁	바로 잡음
1919.9.15	진해고등해원양성소 설립- 한국해양대학교의 모태	적절한 의견수렴 및 절차에 따라 수정
1945.11.5	진해고등상선학교로 개교 초대학장에 이시형 박사 취임	1945.11.5.-미군정 교통국, 진해고등상선학교 설립 허가 초대 교장 이시형 취임
1946.1.5	항해학과 50명, 기관학과 50명 계100명 입학, 통영상선학교와 병합	1946.1.5.-1기 항해과 48명, 기관과 51명 계 99명 입학
1946. 2.9		교통국, 인천해양대학 설립 공표
1946. 6		황부길, 인천해양대학장 피임
1946.8.15	교명 진해해양대학으로 승격	
1946.11.5		통영상선학교 재학생 대상 '진학' 시험 실시(9명을 1기로, 16명을 2기로 진학 허용)
1946.12.20		인천해양대학 입학식 거행(항해 60명, 기관 60명 입학)
1947.1.30	진해에서 인천으로 이전, 인천해양대학과 병합해『조선해양대학』으로 칭하고 교통부에서 국방부 관할로 이관	海士고문 Gordon McGowan 중령, 진해해양대학의 해사와의 합병 및 폐교 통지
1947.2.1		관할처, 국내경비부(속칭 통위부)로 변경
1947.2.15		국내경비부, 진해해대생의 인천해양대학으로 편입 결정
1947.2.24		인천해양대학, 진해해양대학을 흡수합병해 '조선해양대학' 개교
1945.4.15		군산으로 이전 확정
1947.5.5	인천에서 군산으로 이전	조선해양대학, 개강(군산초등학교 임시교사)
1947.6.3	제2대 학장에 황인식 박사 취임	2대 학장 황인식 취임
1947.9.20	조선학과 신설	1947.7 - 조선과 신설
1948.2.27		1기 졸업

	현행 연혁	바로 잡음
1948.10	국립조선해양대학으로 교명 변경	1948. 6.–국립조선해양대학으로 개칭
1949.2.15	관할이 국방부에서 교통부로 이관	관할부처, 교통부로 이관
1949.3.5	제3대 학장에 이시형 박사 취임	제3대 학장에 이시형 취임
1950. 1. 1	국립해양대학으로 교명 변경	
1950. 2.28		교지 〈바다〉 창간
1950. 5.4	제4대학장에 황부길 선생 취임	1950.5.3. – 황부길 해운국장, 제4대학장 겸임
1951. 8.3	제5대 학장에 이시형 박사 취임	1951.8.4.– 제5대 학장에 이시형 취임
1952. 3.20	조선학과 폐과	1952.3.2. – 조선과 폐지
1953.7.1	제6대 학장에 황부길 선생 취임	1953.7.15.–제6대 학장에 황부길 취임
1953.109.5	군산에서 부산시 거제동 664번지로 이전	군산에서 부산시 거제동 664번지 임시교사(교통고등학교 임시교사)로 이전 개학
1955.2.17	관할이 교통부에서 상공부로 이관	관할처, 교통부에서 상공부로 이관
1955.11.25	UNKRA 자금으로 부산시 영도구 동삼동 618번지 신축교사로 이전	UNKRA지원으로 국립해양대학 중리 교사 준공식 거행(부산시 영도구 동삼동 618번지)
1956.7.14	관할이 상공부에서 문교부로 이관, 한국해양대학으로 개칭	관할처, 문교부로 이관 한국해양대학으로 개칭

국립한국해양대학교박물관
해양문화정책연구센터
해양학술연구총서 05

한국해양대학교 개교 10년사, 1945-1955

파도속의 항해

2025년 12월 10일 초판 인쇄
2025년 12월 20일 초판 발행

지은이 김 성 준
발행처 한국해양대학교 KOREA MARITIME & OCEAN UNIVERSITY 海洋文化政策研究센터
주 소 부산광역시 영도구 태종로 727

제 작 문현 출판
디자인 노 은 경
주 소 05827 서울특별시 송파구 동남로11길 19(가락동)
전 화 070-7613-9110 Fax : 02-443-0212
이메일 geul2013@naver.com
등 록 2013년 4월 12일(제 25100-2013-000041호)

ISBN 979-11-94313-12-0 03910 정가 25,000원